mecklenburger **buchverlag**

Ich danke meinem Freund Frank Petzold für die Lektorierung dieses Buches und seine kritischen Fragen, die selbst Gott manchmal zu verständlicheren Formulierungen bewegen konnten.

*Covergestaltung: Gott sagt: Auf der Vorderseite ist eine aufgehende Sonne zu sehen. Dann ist der Titel des Buches vor die Sonne zu setzen: **Die Neue Zeit.***

Im Sog der Geistigen Welt Gottes Band 4

Botschaften von Gott

Die Neue Zeit

empfangen und niedergeschrieben von

Peter Schneider

Inhalt

Einleitung

Ich weiß es nicht, wie gefährlich es ist, Gottes Auftrag zu folgen und dieses Buch zu veröffentlichen. Im 1. Kapitel sagt **Gott:** *„Was ihr jetzt tun müsst, ist die kollektive Vorbereitung auf den Machtwechsel. Das ist die Aufgabe derjenigen, die erkannt haben, dass die Erde gerettet werden kann. Diese Menschen müssen sich jetzt in einer Organisation vereinigen, die ihr* **„Vereinigung zur Rettung der Erde"** *nennen solltet."*

Kurz nach der Fertigstellung des dritten Bandes „Im Sog der Geistigen Welt Gottes", gab mir Gott am 17. Oktober 2013 den Auftrag, ein weiteres Buch zu schreiben. Dieses Buch werde sich mit der irdischen Welt der Menschen befassen. Es beschreibe die Wende der Menschheit hin zu einem Leben in Frieden und Glück.

Einen Tag später meldete sich Asriel, Gottes *„Sekretär"*, und erklärte mir, dass ich von Gott die Gliederung für ein neues Buch bekommen hätte. Dieses Buch, sagte Asriel, sei keine Fortsetzung der ersten drei Bände, sondern etwas Neues. *„Es führt euch ein in die geistigen Ursachen allen Seins. Das werden keine üblichen Gleichnisse sein, sondern tiefe Verbindungen eines vielfältigen Geschehens auf der Erde."*

Bereits im August 2013 sprach Gott in mehreren Botschaften von einer Neuen Zeit. Meine Fragen zum Inhalt dieser Neuen Zeit blieben aber unbeantwortet. *„Du wirst es noch erfahren"*, war die Antwort Gottes. Im November kündigte Gott für das Jahr 2014 eine Reihe von einschneidenden Ereignissen an. Gott verwendete dabei den Begriff Katastrophen, die die Mächte der Finsternis schwächen und die Menschen zum Umdenken zwingen werden: eine Kältewelle in den USA, Unruhen in Europa, Unruhen in Israel, Angriffe Israels gegen den Iran, Unruhen im weltweiten Finanzsystem, aber auch seismische Aktivitäten an den Westküsten Amerikas. Eigentlich hatte ich nicht die Absicht, diese Ankündigungen aufzuführen, da sie mehr Ängste schüren als die Zuversicht in eine Neue Zeit zu fördern. Aber wie es sich zeigte, sind einige dieser Ankündigungen bereits Teil unserer Wirklichkeit geworden.

Nun sagt Gott im Vorwort, dass dieses Buch ein Wegweiser für die Neue Zeit sei, in die wir demnächst hineinwachsen werden, und dazu noch die Ergänzung, dass die Neue Zeit das letzte Geschenk sei, das Gott uns geben wird. Darüber zu schreiben, wie die Menschen in eine Zeit beständigen Friedens zwischen den Völkern und Religionen hineinwachsen werden, ist sicher nicht strafbar. Vor allem aber ist es notwendig, den Menschen diesen Weg Gottes nicht vorzuenthalten, wenn wir uns unsere Erde im Juli 2014 ansehen, dem Monat, in dem ich diese Einleitung geschrieben habe: Ukraine-Krise, ständiges Eskalieren der Beziehungen zwischen den Großmächten, Israel-Gaza-Konflikt, Flüchtlingsströme an den Grenzen der Europäischen Union aus Afrika und Syrien usw. Und immer sterben Menschen, unschuldige Zivilisten. Ein barbarisches Morden im 21. Jahrtausend.

Gott will das jetzt beenden! Gott lässt sich seine Schöpfung, seine Erde, seine Kinder nicht von einigen machtbesessenen Unvernünftigen zerstören und vernichten. *„Alle Menschen, die voller Liebe und Nächstenliebe an der Umgestaltung mitwirken, werden ihr Leben grundlegend zum Guten verändern. Lest die Botschaft Gottes mit Demut und Hingabe. Gott ist euer Begleiter auf dem Weg in die Neue Zeit."*

Also folgen wir Gott auf dem Weg, den er uns aufzeigt in die Neue Zeit.

๑as Vorwort Gottes

Das ist der 4. Band der Botschaften Gottes, die euch der Autor vorlegt. Damit wird eine richtige, ohne Umschweife inbegriffene Darstellung der Neuen Zeit vorgenommen. Was ihr über eure Zukunft wissen müsst, ist in diesem Buch enthalten. Ihr erfahrt sowohl etwas über euer innerstes Sein als auch Vieles über die Veränderungen in der Gesellschaft. Die Neue Zeit kommt im Gefolge der Vernichtung der Mächte der Finsternis. Es wird zum ersten Mal in der Geschichte der Menschheit eine Zeit anbrechen, wo Geldgier und Macht vollkommen aus dem Leben der Menschen verschwunden sein werden. Damit verschwinden auch die vielen Kriege, der Hunger und die geistige Unterdrückung aus dem Leben der Menschen. Wer sich mit Gott verbindet und das Gebet Gottes als seine geistige Heimat erkannt hat, der ist geschützt und von Gott geführt. Alle Menschen, die voller Liebe und Nächstenliebe an der Umgestaltung mitwirken, werden ihr Leben grundlegend zum Guten verändern. Lest die Botschaft Gottes mit Demut und Hingabe. Gott ist euer Begleiter auf dem Weg in die Neue Zeit.

Dieses Buch ist für alle *die* Menschen bestimmt, die bereit sind, ihr Leben mit Gott zu verbinden. Auch die Menschen, die noch auf der Suche sind, bekommen von Gott eine wirkliche Anleitung für ihr Handeln. Das irdische Sein ist vielfältig und auch kompliziert in seinen Auswirkungen auf die Menschen. Deshalb ist es für jeden von euch ein Segen, wenn ihr Gott an eurer Seite habt. Folgt Gott in allem und euer Leben wird sich mit jedem Tag zum Guten wenden. Dieses Buch ist ein Wegweiser für die Neue Zeit, in die ihr demnächst hineinwachsen werdet. Die Neue Zeit ist das, was euch Gott als letztes Geschenk geben kann. Ihr werdet es in seiner ganzen Dimension nicht miterleben können, weil sich der Übergang in diese qualitativ neue Entwicklungsphase der Menschheit über eine ganze Generation erstrecken wird. Deshalb werden all diejenigen, die jetzt geboren werden, die Gestalter des Überganges sein. Die jetzige

Generation wird den Beginn erleben und gestalten müssen. Das wird die schwierigste Aufgabe sein, da sie mit Katastrophen und Opfern verbunden ist. Das kann euch Gott nicht ersparen. Die Erde ist in einem solchen Zustand, dass die Lebensgrundlage für alle Wesen auf der Erde zunehmend gefährdet ist. Deshalb muss Gott eingreifen, um die Schöpfung Gottes vor der Zerstörung zu bewahren. Das mag zur Zeit noch nicht so sichtbar sein, weil alles noch sehr ruhig abläuft und Gott euch noch die Möglichkeit lässt, eure Zukunft zu planen, aber ihr werdet bald begreifen, dass das eine träumerische Vision ist, die sich nicht realisieren lässt, weil ihr davon ausgeht, dass die Mächte der Finsternis weiterhin das Sagen haben werden. Die nächsten Monate und Jahre werden zeigen, dass Gott dazu eine Alternative hat, die das alles in eine andere Richtung lenken wird.

Lest deshalb aufmerksam die folgenden Kapitel, damit ihr eure eigenen Kräfte vernünftig einordnen könnt und auf der richtigen Seite der Neuen Zeit entgegen strebt.

Das Gebet Gottes

Gott, der Herrscher aller Welt, wir rufen Gott.

Alles in mir und alles außer mir ist

geheiligt.

Ich habe mein Leben von Gott erhalten.

Es zu ehren und zu lieben ist meine

größte Gottespflicht.

In alle Ewigkeit werde ich Gott lieben.

Mein tägliches Brot erhalte ich von Gott.

Gott schützt mich und reinigt mich von

allen dreisten Versuchungen der finsteren Mächte.

Ich bin in allen schwierigen Situationen mit Gott verbunden.

Über allen Zeiten wird Gott herrschen.

So sei es.

Danke

Das kritische Sein

Die Einheit allen Seins ist Gott. Das wurde euch bereits mehrmals mitgeteilt. Deshalb wird euch Gott in diesem Buch in die tiefen Zusammenhänge von Gottes Welt einweihen.

Vieles in der Welt Gottes ist für euch nicht erklärbar, weil es nicht sichtbar ist. Das muss es auch nicht, weil es euer Leben zwar beeinflusst, aber von euch aus nicht verändert werden kann. Deshalb hat Gott diese Zusammenhänge aus den bisherigen Erläuterungen ausgeklammert. Aber jetzt benötigt ihr dieses Wissen, weil ihr dadurch eure Erde besser mit Gottes Führung in Einklang bringen könnt.

In Gottes Geistiger Welt kann alles Wirklichkeit werden, was sich in außerordentliche (wesentliche d. A.) Beziehungen mit den geistigen Verbindungen begibt. Das ist nahezu alles, was ist. Dadurch ist alles wie in einem Brei miteinander vermischt. Nichts existiert ohne Bindung an dieses Gemisch. Das bedeutet aber auch, dass die einzelnen Teile dieses Gemischs miteinander kommunizieren und aus dieser Kommunikation neue Verbindungen entstehen, die die schrittweise Entwicklung des gesamten Gemischs bewirken. Alles das ist aber kein Zufall, sondern von Gott gesteuert. Das ist erst einmal das, was ihr zu eurem Verständnis wissen müsst.
Das kritische Sein ist das Werden und Vergehen in allem, was ist. Wenn etwas entsteht, muss gleichzeitig auch etwas vergehen. Das ist das ewige Gesetz in allem. Das wird immer so sein, weil das Vergehen in sich das Werden birgt.

Verdeutlichen wir uns das einmal an einigen Beispielen.

In der Welt Gottes ist das freie Entfalten aller Kräfte eine notwendige Bedingung für das Entstehen der Vielfalt des endlichen Seins. Deshalb darf es bei Gott auch keine Einschränkungen in der Entwicklung der einzelnen Verbindungen geben. Das führt aber auch zu vielen

Entwicklungen, die für das Gesamtsystem schädlich sein können. Eine solche Bewegung soll aber nicht dominierend werden. Trotzdem enthält diese in sich Momente, die für das Gesamtsystem deutliche Fortschritte bringen können. Dann ist das Werden einer neuen Qualität des Seins gegeben und wird sich dieser fördernden Momente bedienen, während all das, was dem Gesamtsystem schadet, beseitigt wird. Im Konkreten sieht das zum Beispiel so aus, dass ein direktes Eingreifen Gottes erfolgt, wenn die negativen Entwicklungen in einem System freie Entfaltungsmöglichkeiten verhindern wollen. Dann ist die Entwicklung gefährdet oder stagniert, oder das System droht zerstört zu werden. Das ist zurzeit auf der Erde eingetreten, so dass Gott eingreifen muss. Solche Entwicklungen geschehen ständig. Sie sind an sich nichts Schlechtes, aber wenn sich diese Entwicklungen verselbstständigen wollen, dann müssen die Gegenkräfte verstärkt werden.

Die andere Seite der Entwicklung besteht darin, dass aus dem Gesamtsystem Teile ausbrechen, die die Gesamtentwicklung fördern können. Das ist nicht die Regel, aber es geschieht. In diesem Fall wird sich das Gesamtsystem wehren und alles versuchen, diese Entwicklung zu unterbinden. Wenn das nicht gelingt, dann werden im Gesamtsystem die inneren Kräfte wachsen, die zu einer Auflösung tendieren. Das ist ein deutliches Zeichen, dass es bald eine Veränderung im Gesamtsystem geben wird.

Beide Situationen fördern die Entwicklung, weil das so sein muss. Entwicklung beginnt immer mit Anderswerden einzelner Seiten eines Systems. Es wird auch immer so sein, dass diese Veränderungen zuerst bekämpft werden, ja sogar bekämpft werden müssen. In diesem Kampf erweist sich dann das entwicklungsfördernde Element immer als die stärkste Kraft und wird sich schließlich durchsetzen.

Das spürt ihr gegenwärtig selbst in eurer eigenen Organisation (Kreis der Freunde Bruno Grönings – freie Gemeinschaft Schwerin). Das treibende Element ist das Gebet Gottes, das eine ganze Organisation ins Wanken bringt. Es wird zu inneren Auseinandersetzungen kommen, in deren Ergebnis sich neue Kräfte durchsetzen werden, die Jesus und Gott wieder anerkennen und dadurch die Bedingungen für die Vereinigung aller Bruno Gröning-Freunde in Deutschland und auf der Erde schaffen. Auch diese Vereinigung ist für die Umgestaltung des Gesamtsystems Erde notwendig. Deshalb sollt ihr euch nicht von den tiefen Kräften der Finsternis einschüchtern lassen, die ihre Fehler sehr schnell erkennen und wieder in die Nähe von Gott zurück finden werden.

Eine andere Seite des kritischen Seins besteht im Erkennen der Triebkräfte innerhalb eines Systems, die das Ganze zur Auflösung bringen. Es ist nicht immer sofort erkennbar, in welcher Form die Auflösung beginnt. Das geschieht zuerst immer mit Veränderungen, die als Ausnahme von der Regel in Erscheinung treten. In der Natur der Pflanzen und Tiere werden diese Ausnahmen nicht bekämpft. Sie können sich deshalb frei entfalten und bereichern die Vielfalt der Arten.

Eine solche Freiheit wird in der menschlichen Gesellschaft nicht gestattet. Da werden diese Vorstöße erst ignoriert. Wenn diese zunehmen und tausende Menschen erfassen, dann werden die Angriffe einsetzen, um das Alte zu erhalten. Diese Angriffe können den Fortschritt zwar nicht aufhalten, ihn aber auf Jahre verzögern, weil die Teilnehmer der Bewegung eingeschüchtert, die Führer verfolgt oder sogar getötet werden. Im geistigen Bereich werden neue Ideen erst belächelt, dann ignoriert und schließlich bekämpft. Deshalb ist es für viele Menschen mit guten Ideen so schwierig, sich in ihren wirklichen Verbindungen durchzusetzen. Aber eine Triebkraft ist eine Sprengkraft. Deshalb wird sie sich immer mehr mit Energie anreichern und das alte System auflösen. Das ist der Werdegang allen Seins. Das was im alten System eine Überlebenschance vorweist, wird in das neue System übernommen werden. Vor allem werden es *die* Menschen sein, die nicht materiell an das alte System gebunden sind. Diese Prozesse, die auf alle polaren Systeme anwendbar sind, werden sich immer dann wiederholen, wenn die Form für den Inhalt kein Wachstum mehr ermöglicht. Dann ergeben sich zwei Möglichkeiten: Entweder wird die Form gesprengt, damit sich der Inhalt entwickeln kann, oder die Form erweist sich als zu fest, dann gehen der neue Inhalt und auch die Form zugrunde und es entsteht ein völlig neues System.

Wir wollen uns dazu einige Beispiele heranziehen.

In einer Gemeinschaft gibt es feststehende Regeln, die alle einzuhalten haben. Nur durch die Einhaltung dieser Regeln ist die Organisation überhaupt lebensfähig. Diese Regeln haben aber nur solange Gültigkeit, wie es den Zielen dient. In jeder Organisation gibt es schließlich Veränderungen in der Größe der Determinationen (Zielstellungen d. A.), der Mitglieder und auch der Inhalte. Jetzt zeigen sich die Anpassungsfähigkeit der Leiter und ihre Aufgeschlossenheit für das Neue. Wenn jetzt stur an Traditionen festgehalten wird, dann kommt es zu Konflikten, Austritten und Abspaltungen, die die Gesamtbewegung schwächen. Die inneren Konflikte verringern auch die Wirksamkeit nach außen. Das Problem ist erst dann gelöst, wenn sich die gesamte Organisation für das Neue öffnen kann.

Ein weiteres Beispiel bezieht sich auf die Übertragung von Leitungsaufgaben auf unterstellte Mitarbeiter. Das ist auch ein alltäglicher Vorgang. Wenn nun der Mitarbeiter in seiner neuen Aufgabe beginnt, eigene Ideen umzusetzen, die zwar gut sind, aber nicht zur bisherigen Strategie passen, dann haben wir wieder die beiden Möglichkeiten: Entweder werden die Ideen akzeptiert und das Unternehmen entwickelt sich oder die Entwicklung stagniert.

Dieses immer wieder wirkende Prinzip von Anpassung und Entwicklung einerseits und weiterem Beharren auf alten Gewohnheiten andererseits ist der Motor jeder Entwicklung. Das ist in der polaren

Welt ein immerwährender Antrieb, damit sich alles in den Systemen entwickeln kann.

Auch in allen geistigen Verbindungen wirkt dieses Prinzip. Das geschieht durch das Aufgeben alter Denkmuster und Übernahme neuer Gedanken und Ideen. Auch hier ist das Beharren auf alten Denkweisen der wirkliche Hinderungsgrund für die Durchsetzung des Neuen. Dieser Gedankenstreit kann sehr fruchtbar sein, wenn diejenigen, die ihn führen, auch bereit sind, dem besten Argument und der Wahrheit zu folgen. Das ist aber in eurer jetzigen Auseinandersetzung um die Zukunft der Menschheit nicht gegeben. Die Mächte der Finsternis unterdrücken jeden Ansatz einer wirklichen Auseinandersetzung um den wahren Weg aus eurer gegenwärtigen Situation. Diese Auseinandersetzung bleibt euch aber nicht erspart. Sie muss geführt werden und sie wird auch geführt werden, denn bevor ihr mit Gottes Hilfe die notwendigen Veränderungen durchführen könnt, müsst ihr euch über deren Inhalt bewusst geworden sein. Dazu hat euch Gott bereits die inhaltlichen Schwerpunkte durchgegeben. (siehe Band 2, S.59)

Auf eines möchte euch Gott dabei aufmerksam machen. In der nächsten Zeit werden sich die geistigen Angriffe der Mächte der Finsternis verstärken. Das ist eigentlich immer so, dass die Mächte der Finsternis die Wahrheit unterdrücken, aber jetzt geht es nicht nur um die Verdummung der Menschen, sondern um die Sicherung ihrer Macht vor den Angriffen der Mächte der Vernunft. Das ist ein Endkampf, der jetzt geführt werden muss. Wer diesen Kampf gewinnt, ist jetzt schon gewiss. Ihr könnt bereits jetzt die ersten Zeichen ihrer Niederlage erkennen. Keines der vielen ungelösten Probleme wird unter Beachtung der Folgen für die Menschen angegangen. Immer geht es nur um kurzsichtige Maßnahmen, die das Problem nicht lösen, sondern noch mehr Probleme verursachen. Die wirklichen Aufgaben der Menschen werden erst dann gelöst werden, wenn die Mächte der Finsternis besiegt wurden.

*Welche geistigen **Triebkräfte** werden das sein, die den Umschwung ermöglichen werden?*

Das sind **erstens** die liebevollen Gedanken, die von *d e n* Menschen ausgehen, die alle Menschen lieben, denn nur die vollkommene Nächstenliebe ist geeignet, den wirklichen Frieden unter die Menschen zu bringen. Es werden in Zukunft immer mehr Menschen geboren, die diese vollkommene Liebe in ihrem Herzen tragen.

Da ist **zweitens** die Einsicht in die wirklichen Erfordernisse der zukünftigen Aufgaben für die gesamte Menschheit. Das bedeutet, dass unsinnige Wahrheiten nicht mehr verbreitet werden. (Frage: Meint Gott Lügen? Gott: Das ist nicht dasselbe. Es gibt Wahrheiten, die niemandem etwas nützen). Die Menschen werden vernünftiger und benutzen ihren Verstand, verbunden mit zunehmendem Wissen um die wirklichen Zusammenhänge. Dadurch haben es die Mächte der Finsternis immer schwerer, Lügen zu verbreiten.

Da ist **drittens** die wachsende Qualität der individuellen Bedürfnisse nach Reinheit in allen Lebensbedingungen. Das betrifft sowohl die Nahrungsmittel als auch die geistigen Dinge, ebenso wie die Reinheit der Umwelt und der Atmosphäre. Die Menschen werden in zunehmendem Maße bereit sein, sich an Massenaktionen zu beteiligen, die in friedlicher Absicht durchgeführt und den Herrschenden beweisen werden, dass sie sich mit ihrer Politik immer mehr von den Interessen der Menschen entfernen. Das wird anfangs noch nicht die erhofften Wirkungen zeigen, aber allmählich werden die Herrschenden gezwungen, ihre Politik zu ändern oder abzutreten. Auf eurer Erde gibt es dafür bereits jetzt viele Beispiele. Diese betreffen aber noch nicht die Zentren der Macht. Aber das wird sich bald ändern. Es mehren sich bereits die Zeichen, die diese Änderung ankündigen.

Was ihr jetzt tun müsst, ist die kollektive Vorbereitung auf den Machtwechsel. Das ist die Aufgabe derjenigen, die erkannt haben, dass die

Erde gerettet werden kann. Diese Menschen müssen sich jetzt in einer Organisation vereinigen, die ihr *„Vereinigung zur Rettung der Erde"* nennen solltet. Das Zentrum soll in Europa sein. Dort ist der Schwerpunkt der Bewegung. Auf diesen wirklichen Kampf sollt ihr euch vorbereiten. Das muss in den nächsten drei Jahren geschehen, weil sich die Bedingungen für die Umgestaltung der Verhältnisse immer günstiger gestalten und die Mächte der Finsternis an Einfluss verlieren werden.

Auf eurer Erde verstärken sich jetzt die Schwingungen, die alle Menschen erfassen. Das bewirkt eine Harmonisierung der geistigen Verbindungen der Schubkräfte in die Richtung zum Frieden unter den Menschen. Auf diese Weise hilft euch Gott, den Widerstand der Mächte der Finsternis zu schwächen. Diese werden erkennen, dass es ihren eigenen Untergang bedeutet, wenn sie ihre Waffen gegen diese Bewegung einsetzen.

Frage an Gott: Gott gibt hier einen genauen Zeitraum von drei Jahren an. Da es in der Geistigen Welt Gottes an sich keine Zeit gibt, wäre vielleicht eine solche unverbindlichere Formulierung „Das muss in den nächsten Jahren geschehen…" nicht eher vorzuziehen?

Gott: *„Die Zahl drei muss bleiben."*

Kapitale Veränderungen im Frequenzsystem der Erde

Gott hat euch bereits mitgeteilt, dass es zu einer Schwingungserhöhung der Erde kommen wird.

Wie könnt ihr euch das vorstellen?

Ihr wisst bereits, dass alles, was auf der Erde existiert, nur dadurch erkennbar ist, weil es schwingt. Diese Schwingungen, die immer eine bestimmte Frequenz besitzen, fangen auf der untersten Ebene der Materie an und setzen sich bis in die hoch schwingenden Frequenzen des unsichtbaren Seins fort. Auf jeder Ebene ist eine bestimmte Frequenz vorherrschend. Das ist notwendig, weil das die Voraussetzung für die Entwicklung einer bestimmten funktionierenden Daseinsform der Materie ist. Diese Frequenzen sind für lange Zeit vorherrschend und bestimmen die Verbindungen zwischen den verschiedenen Energiesystemen. Eine solche stabile Frequenz hat auch auf der Erde dafür gesorgt, dass sich Leben entwickeln konnte. In dieser für euch Menschen langen Zeit gab es schon mehrere Schwingungserhöhungen, die notwendig waren, um das geistige Potential der Menschen auszuschöpfen, das sich verändert hatte. Das geistige Potential der Menschen ist eine Triebkraft, die ständig auf die Frequenz einwirkt und auf eine Erhöhung drängt. Ein solcher Zustand ist jetzt wieder erreicht. Die Frequenz der Erde ist mit dieser geistigen Frequenz eng verbunden. Daraus ergibt sich ein Wechselspiel, das ihr in eurem täglichen Leben nicht spüren könnt, weil die Unterschiede zwischen den Frequenzen sehr klein sind, aber auf größere Zeitspannen gesehen zu spürbaren Veränderungen im Denken und Fühlen führen. Wenn sich die Verbindungen zwischen der Erde und den Menschen in einem solchen Maße entwickelt haben, dass die Einheit des Seins gefährdet ist, dann muss Gott eingreifen, um diese Einheit auf einem höheren Niveau wieder herzustellen.

In der gegenwärtigen Situation zeigt sich auf der Erde folgender Widerspruch: Auf der einen Seite hat sich die geistige Frequenz der Menschen so stark erhöht, dass die Auswirkungen auf die Erde verheerend werden können. Die Erde andererseits als die weniger dynamische Frequenz kann sich den Auswirkungen der menschlichen Frequenz nur mit Mühe entziehen, und ihre Seele leidet unter dem ihr aufgebürdeten Schmutz. Da die menschliche Frequenz keine Korrekturen vornehmen kann, weil sie das auch nicht darf, wird der Ausgleich von Gott vorgenommen.

Wie greift Gott jetzt ein?

Zuerst wird Gott durch eine Veränderung der Schwingungsfrequenz auf die Menschen einwirken. Das geschieht durch eine Verlängerung der jeweiligen Ausdehnungen zwischen den Schwingungen. Dadurch kommt es zu einer Beruhigung des Geistes, der weniger aggressiv auf seine Umwelt reagiert. Die Menschen werden sich ihrer Vergehen an der Natur bewusst und beginnen, sich auf die Grundlagen ihrer Existenz zu besinnen. Dabei werden sich viele Menschen in ihren Erwartungen an die Zukunft bestätigt fühlen und sich mit ihren Vorstellungen einbringen wollen. Das wird eine gute Voraussetzung für gezielte Angriffe gegen diejenigen sein, die weiter an der Zerstörung der Umwelt festhalten wollen.

Die Schwingungsveränderung ist nur der Anfang von weiteren Eingriffen Gottes. In der Folge wird Gott auch eine neue Generation von Menschen auf die Erde bringen, die eine größere Reinheit besitzen und mit weniger karmischen Bindungen belastet sind. Das bedeutet, dass ihre Entwicklung an Personen gekoppelt wird, die jetzt auf der Erde sind und sich mit den Mächten der Finsternis verbündet haben. Damit entsteht um diese Menschen ein starkes lichtvolles Kraftfeld, das verhindert, dass diese Menschen ihr böses Tun verwirklichen können. Diese neue Generation wird sich auch rein ernähren wollen und verweigert aus Ekel den Genuss tierischer

Lebensmittel. Dadurch wird sich innerhalb einer Generation die gesamte Umwelt erneuern. In dieser Zeit werden auch alle anderen Veränderungen wirksam, so dass eine völlig andere Gesellschaft entstehen wird.

Die Erde selbst wird ihre Schwingung erhöhen. Das geschieht dadurch, dass Gott eine Veränderung der Umlaufgeschwindigkeit der Erde um die Sonne herbeiführen wird. Das hat zur Folge, dass die Zeit der Erde eine andere Dimension erhält. Eine andere Dimension bedeutet eine höhere Schwingung. Die Auswirkungen für die Menschen werden entscheidend sein. Das betrifft ihr ganzes geistiges Sein. Diejenigen, die sich bereits durch eine enge Bindung an Gott in diese höhere Schwingung gebracht haben, werden von diesen Veränderungen wenig spüren. Aber diejenigen, und das ist die überwiegende Zahl der Menschen, die sich weit von Gott entfernt haben, Gott sogar verflucht haben und durch Töten von Kindern Gottes schwere Schuld auf sich geladen haben, werden das sehr schmerzhaft an ihrem Körper und Geist spüren. Das wird keine Krankheit sein, denn Gott straft nicht. Das werden Schmerzen am ganzen Körper sein, die die Menschen zwingen, sich mit Gott zu verbinden und das Gebet Gottes anzuerkennen. Sobald die Nähe zu Gott gefunden wurde, werden die Schmerzen aufhören. Auch im Geistigen werden die Menschen Veränderungen an sich wahrnehmen. Sie werden über leichte Kopfschmerzen klagen, wenn sie böse Gedanken haben oder Böses aufnehmen, wenn sie sich an Gewalt erfreuen oder Vernichtungspläne aufbauen. Viele finden sich in ihrer vertrauten Umgebung nicht mehr zurecht, bis sie die Richtung erkannt haben, in die Gott sie führen will.

Das geschieht alles in den nächsten drei Erdenjahren. In dieser kurzen Zeit werden die Menschen zur Umkehr gedrängt, ob sie es wollen oder nicht. Gott kann dem Treiben der finsteren Mächte nicht mehr ohne deren Vernichtung zusehen. Das geschieht nicht durch das Töten dieser Kinder Gottes, sondern durch deren innere Wandlung.

Was wird noch auf der Erde geschehen, um diesen Prozess herbei zu führen?

Das wird eine Übergangsphase sein von dem freien Spiel der Kräfte in der Wirtschaft zu einem geplanten Abwägen der Bedürfnisse der Menschen. Das führt zu einem sorgfältigen Umgang mit allen Schätzen der Erde. Der dauerhafte Raubbau an den Kräften der Natur findet endlich ein Ende. Damit endet auch die Umweltverschmutzung, unter der die Seele der Erde fast zusammenbricht. Die Menschen beginnen auch, ihre Bedürfnisse den Notwendigkeiten ihres Lebens anzupassen. Das verringert die Produktion unnötiger Dinge, die kein Mensch wirklich braucht.

Auch die Sicherheit der Menschen ist nicht mehr in Gefahr. Deshalb sind auch die Armeen überflüssig. Die Grenzen müssen nicht mehr bewacht werden, und kein Land hat die Absicht, ein anderes Land anzugreifen.

Könnt ihr euch jetzt vorstellen, welche gewaltigen Mittel für die friedliche Nutzung frei werden? Dieser Unsinn wird beendet und die Vernunft setzt sich durch. Das wird aber der größte und schwerste Konflikt sein, den die Mächte der Vernunft auszutragen haben. Aber die Menschen werden sich in großer Zahl dieser Umgestaltung anschließen. Das erleichtert und verkürzt die Dauer des Konflikts.

Eine weitere Veränderung betrifft die Bildung der Menschen. Die Menschen werden ihr natürliches Streben nach Wissen in einer veränderten Art und Weise befriedigen können. Auf der einen Seite werden allmählich die Schranken fallen zwischen Bewusstsein und Unterbewusstsein und zum anderen werden die Bildungsinhalte von allem Schmutz befreit werden. Diese Veränderung im Geistigen ist die größte Umgestaltung überhaupt.

Alles das wird ausgelöst von den Veränderungen in den Frequenzen der Erde und der Menschen sowie den Korrekturen im Sonnensystem der Erde. Die für die Menschen am spürbarsten körperlichen Veränderungen werden mit den Ereignissen einhergehen, die Gott für die nächste Zeit angekündigt hat (Gott diktierte nicht *„für die nächste Zeit"*, sondern *„für dieses Jahr"* und meinte damit das Jahr 2014).

Das wird alles notwendig sein, weil die Menschen endlich zur Besinnung kommen müssen. Die Menschen haben bisher nicht erfasst, wie krank die Erde ist. Und wie es auch bei einem Menschen ist, der erst durch die Schmerzen zur Selbsterkenntnis geführt wird, so ist es auch mit der Erde. Gott wird euch das Leiden der Erde bewusst machen.

Frage an Gott: Gott hat in diesem Buch bereits folgende Sätze zur Schwingungserhöhung diktiert: *„Die Schwingung der Erde wird sich erhöhen in einer mehrstufigen Überführung der kurzen Wellen in lange Wellen. Das bewirkt, dass euer Bewusstsein zur Ruhe kommt und weniger Gedanken der Aggression erzeugt werden. Dadurch wird das Leben auf der Erde friedlicher."* Kann Gott das noch etwas genauer erklären, wie das Zusammenspiel von langen und kurzen Wellen zu verstehen ist?

Gott antwortet: *„Gott hat bereits versucht, euch diesen Zusammenhang zu erklären. Die kurzen Wellen stellen eine Frequenz dar, die den vielen Bindungen zwischen den Prozessen auf der Erde die Stabilität verleihen. Wenn sich jetzt die Wellenlänge verändert, dann hat das Auswirkungen auf die Geschwindigkeit der Prozesse in allen Systemen. Die Prozesse werden unmerklich verlangsamt. Dadurch werden die Areale der Vernunft im Unterbewusstsein der Menschen am spürbarsten beeinflusst. Dadurch kann sich die gesamte Menschheit Gott mehr und mehr annähern."*

Frage: Gott spricht von einer Veränderung der Umlaufgeschwindigkeit. Bedeutet das, dass das Erdenjahr sich verkürzt?

Gott: *„Das wird so kommen, aber es werden nur einige Stunden sein. Das ist bereits ausreichend."*

Das leise Klingen in der
Geistigen Welt Gottes

Das ist jetzt eine Darlegung aus der Geistigen Welt Gottes, die bisher vollkommen unberücksichtigt geblieben ist. Aber alles, was ist, ist mit dieser klingenden Seite verbunden. Ihr liebt alle Musik. Kein Mensch wächst ohne Musik auf. Das ist auch gut so, weil in Gottes Geistiger Welt auch alles klingt. Das ist verständlich, wenn ihr begriffen habt, dass alles, was ist, eine Frequenz hat, wodurch sie sich von allem unterscheidet. Wenn eine Frequenz eine Schwingung ist, dann klingt sie auch.

Eure Musik ist künstlich, weil ihr sie mit euren Stimmbändern und Instrumenten erzeugt. Die Musik der Frequenzen ist von Gott erzeugt und bildet ein riesiges Orchester. Die unendliche Anzahl der Frequenzen kann immer nur einen Ton erzeugen, der anschwillt oder abnimmt. An diesem Ton erkennt Gott den Zustand des Seins. Diesen Ton bezeichnet ihr als das Om. Das ist aber so nicht richtig, weil dieser Ton für euch nicht hörbar ist. Das Om gibt es auch, aber nicht als Wirklichkeit, sondern als Realität, weil es von euch erfunden wurde. Der Ton, den das Universum erzeugt, ist vergleichbar mit eurem Kammerton A. Dieser ist Maßstab für das gesamte Orchester. An diesem Ton orientieren sich alle Frequenzen. Deshalb ist an dem Ton der einzelnen Frequenz der Grad zu erkennen, inwieweit sich dieses System von der göttlichen Ordnung entfernt hat.

Auch der menschliche Körper ist in diesen göttlichen Grundton eingebunden. Auch hier bildet das System Mensch einen einzigen Ton. An diesem Ton kann Gott erkennen, ob sich der Mensch in der göttlichen Ordnung befindet oder krank ist. Auch jede einzelne Zelle erzeugt einen Ton, der sich als individuelles Kennzeichen für die Seele mit Gott verbindet. Dadurch ist die einzelne Frequenz in das Gesamtsystem integriert.

Die Liebe als das eigentlich Verbindende übertönt das gesamte Sein mit einem eigenen Ton. Dieser Ton ist höher als der Ton des Universums und unabhängig vom Gesamtton der Frequenzen des Seins. Das ist von Gott so eingerichtet, weil es der Maßstab für das Leben allen Seins auf der Erde und auf allen bewohnten Planeten ist. Die Liebe ist auch der Maßstab für die übergroße Zahl der Galaxien. Ihr Ton verbindet alles. Das ist ein hörbarer Ton, der auch von jedem Menschen wahrgenommen werden kann.

Wie könnt ihr diesen Ton hören?

Begebt euch in einen Zustand tiefen inneren Friedens und verbindet euch mit Gott. Wenn ihr in dieser Verbindung wirklich mit eurem Herzen seid, dann könnt ihr in euch diesen wunderbaren leisen Ton hören, der euch aus eurer Bindung an das irdische Sein löst und euch mit der einen universellen Kraft verbindet, die alles beherrscht. Viele suchen diesen Ton, ohne ihn zu finden, weil dieser Ton nur in demjenigen erklingt, der sich gereinigt hat und selbst in vollkommener Liebe mit dem göttlichen Sein schwingt. Das ist nur wenigen Menschen gelungen. Aber jeder Mensch, der nach dieser Einheit strebt und seine Seele in seinem jetzigen Leben reinigt, dem ist dieser Ton vergönnt zu hören. Auch du kannst diesen Ton hören, wenn du ablässt von deinem Bestreben nach vielen Dingen, von denen du meinst, dass sie dich glücklich machen und dir eine größere Sicherheit geben. Vertraue auf Gott und sei demütig. Alles, was du brauchst, bekommst du geschenkt. Lass los von einer inneren Unzufriedenheit und sei glücklich mit dem, was dir Gott bereits geschenkt hat.

Frage an Gott: Soll ich das so verstehen, dass Gott mit dem Du allein mich, den Autor dieses Buches meint?

Gott antwortet: *„Das hast du richtig verstanden, aber wenn du es so in diesem Buch lässt, dann ist das auch richtig, weil sich viele Menschen angesprochen fühlen müssen, denn sehr viele Menschen meinen, dass sie zu wenig haben, um glücklich sein zu können. Deshalb gilt es für alle Menschen, auf Gott zu vertrauen und demütig zu sein."*

Dieser Ton der Liebe ist auf eurer Tonleiter nicht vorhanden, deshalb ist er auch nicht im Raum hörbar. Dieser Ton wird mit dem Herzen als ein leises Vibrieren wahrgenommen, wenn ihr euch ganz für die Verbindung mit Gott öffnet. Wie ihr euch öffnen könnt, ist eigentlich ganz einfach. Jeder Mensch besitzt ein Herz, mit dem ihr auch die Liebe erleben könnt. Geht einfach eurem Herzen nach und vertreibt alles, was euch daran hindert, Freude zu empfinden. Die Freude über euer Hiersein auf der Erde ist eine starke Kraft, aber ihr vertreibt sie ständig mit eurer Unzufriedenheit über euer gegenwärtiges Leben. Dabei habt ihr überhaupt keinen Grund, unzufrieden zu sein. Denkt einmal nach, was euch fehlt. Ist es die Nahrung, ist es die Wohnung, ist es die Wärme im Winter, sind es die Menschen, die täglich für euer Wohl sorgen? Was wollt ihr noch mehr? Alles ist so eingerichtet, dass ihr zufrieden sein könnt. Dass der Eine oder Andere mehr oder weniger davon hat, befreit euch nicht von der Einsicht, dass es für alle ausreichend ist. Aber solange ihr in euch die versteckten Reste von Gier nicht vertrieben habt, könnt ihr den Ton der Liebe nicht wahrnehmen.

Was bringt mir denn das Hören dieses Tones, werdet ihr fragen. Ist dieser Ton der Liebe denn wertvoller als etwas mehr an Besitz und Wohlstand? Was könnt ihr denn von diesem Besitz und Wohlstand mitnehmen, wenn eure Seele einmal den Körper verlässt? Absolut nichts. Aber ein reines Herz und eine reine Seele, auch ein reines Gewissen, das sind die Reichtümer, die ihr mitnehmen könnt und die auch Gott anerkennt. Macht euch endlich frei von diesem Besitzdenken, damit ihr den Ton der Liebe hören könnt. Er ist immer da und wartet darauf, in euch erklingen zu können.

Auch die anderen Töne, die Gott für euch hörbar gemacht hat, die ihr zu Musik formt, sind dazu da, um euer Herz zu erfreuen.

Das solltet ihr wissen, damit ihr es im wahrsten Sinne beherzigt.

Die Bedeutung der Farben in der Geistigen Welt Gottes

In der Geistigen Welt Gottes sind Farben als sichtbare Form verschiedener Frequenzen ein Mittel, um die Unterschiede deutlich hervorzuheben, die zwischen den Dingen bestehen. Das ist nicht alles zufällig entstanden, weil die Farben auch noch andere Bedeutungen haben. Im 1. Band deines Buches „Im Sog der Geistigen Welt Gottes" (S. 167) hat dir Gott bereits mitgeteilt, dass zum Beispiel die Farbe Blau dazu dient, die Menschen zur Ruhe zu bringen, während euch die Farbe Rot einen Impuls des Zweifelns gibt. Ihr habt dieser Farbe eine andere Bedeutung gegeben, weil sie für euch die schönste Farbe ist. Die Bedeutung der Farben ergibt sich aus ihrer Wirkung auf andere Systeme. Diese Wirkung beeinflusst die eigene Frequenz und verändert die Struktur innerhalb eines Systems. Das ist jetzt etwas schwer zu verstehen, weil ihr diese quantitativen Veränderungen nicht erkennen könnt.

Wir wollen uns das deshalb an einem Beispiel verdeutlichen.

Stellt euch vor, ihr würdet die Aufgabe erhalten, eine Verbindung zwischen zwei Galaxien herzustellen, wenn euch die technischen Hilfsmittel dazu fehlen. Bei Gott gibt es solche Hilfsmittel nicht. Wie könntet ihr also vorgehen? Zuerst müsst ihr feststellen, mit welcher Frequenz die andere Galaxie ausgestattet ist. Das ist nicht schwierig, weil das jede Seele erkennt, denn jede Galaxie hat auch eine Seele, die sie von den anderen Galaxien unterscheidet. Jetzt musst du in diese Frequenz einen Farbimpuls geben, den die empfangende Galaxie als Aufforderung zur Kontaktaufnahme erkennt. Woher weißt du jetzt, welche Farbe du wählen musst? Das wird dir von Gott vorgegeben, weil Gott derjenige ist, der diese Farben mit seinen Bedeutungen kennt. Dabei ist zum Beispiel Gelb nicht gleich Gelb. Jede Farbe hat unzählige Unterscheidungen, die einer Information entsprechen und die vom Empfänger erkannt wird.

Auch zwischen euch Menschen werden bestimmte Informationen über Farbimpulse ausgetauscht, die ihr aber nicht sehen könnt, weil sie über die Aura gesendet werden, die nur wenige Menschen erkennen können. Das sind Informationen der Sympathie oder der Abwehr, die jeder Mensch abstrahlt, wenn er in Kontakt mit einem anderen Wesen kommt. Ihr fragt euch manchmal, warum euch dieser oder jener Mensch gefällt, ohne dass ihr auch nur ein einziges Wort mit ihm gewechselt habt. So entstehen auch die ersten Liebesgefühle zwischen zwei Menschen. Diese unsichtbare Aura um euch herum besteht aus unendlich vielen Farben, die euch als einmaliges Wesen kennzeichnen. Dieses Farbmuster ändert sich von der Geburt bis zur Rückkehr zu Gott nie. Dadurch seid ihr für Gott in eurer Vielfalt erkennbar. Etwas anderes ist es, wenn der Mensch in die jenseitigen Meridiane der Welt Gottes kommt. Ihr würdet sagen, wenn er gestorben ist. Dann erhält die Seele eine neue Frequenz und auch eine neue Farbenerkennung. Das ist wichtig für die Einteilung in die entsprechende Dimension der Reinigung und Aufgabenübertragung. Wenn die Seele das Jenseits verlässt, bekommt sie wieder eine neue Frequenz und auch wieder ein neues Farbenkleid. Dieses behält sie dann bis zum Eintauchen in einen neuen Körper, da in dieser Frequenz und den Farben auch die karmischen Aufgaben Bestandteil des neuen Lebens sind. Diese neue Aura mit ihrem Farbenspektrum beeinflusst jetzt auf eine ganz andere Art und Weise seine Umwelt, egal, was es ist, ob Pflanzen, Tiere oder Menschen. Durch diese ständigen Veränderungen und Vermischungen der auralen Verbindungen entsteht auch immer eine neue Qualität der Beziehungen. Das ist mit den Augen nicht zu erfassen, aber mit dem Herzen zu spüren.

Eine weitere Aufgabe der Farben ist die richtige Trennung der Körperorgane. Trennung bedeutet hier hoheitliche Abgrenzungen im Körper. Jedes Organ ist durch eine andere Farbe von den anderen Organen abgegrenzt. Aber die Farben sind im Körper nicht gleichberechtigt. Das Herz strahlt mit der energiereichsten Farbe Blau. Dann kommen die Nieren mit der Farbe orange. Dann folgt die Leber mit der Farbe Magenta. Das ist eine Farbe zwischen Rot und violett. Die Därme haben verschiedene Farben, von Gelb bis Grün, weil sie unterschiedliche Aufgaben zu erledigen haben. Der Magen hat die Farbe Ocker zugeteilt bekommen. Und so geht das weiter bis zu den einzelnen Zellen. Das Blut, das ihr als rot erkennt, hat in der auralen Verbindung die Farbe Gelb, ähnlich wie die Farbe des Darmes, aber eben nur ähnlich.

Warum gibt es diese farblichen Unterscheidungen und warum sind sie hoheitlich?

Die Zufuhr von Lebensenergie aus der göttlichen Quelle über die Seele geschieht nicht gleichmäßig, sondern zuerst dorthin, wo das Leben gesichert werden muss. Die Farben Blau, Orange, Magenta, Ocker und Gelb sind dabei die wichtigsten und sind am engsten an das göttliche Energiesystem angeschlossen. Von diesen „Batterien" aus wird der gesamte Körper mit Energie versorgt. Auf diese Weise ist alles eingebunden in die göttliche Einheit.

Frage an Gott: Warum sind hier die Lunge und das Gehirn als lebenswichtige Organe nicht erwähnt?

Gott antwortet: *„Die Lunge ist mit dem Herz verbunden und das Gehirn mit dem Blut."*

Es gibt bei euch Menschen, die diese Farben sehen können. Das ist selten, aber einige Menschen haben dieses Geschenk von Gott erhalten, so wie du das Geschenk der Kommunikation mit der geistigen Welt bekommen hast. Diese können an der Helligkeit der Farben erkennen, ob es in diesen Organen Störungen gibt und dann Behandlungen einleiten. Wer sich immer in die Nähe von Gott begibt, dessen aurales Licht strahlt weit in seine Umgebung hinein, aber diejenigen, die sich ständig im Energiefeld der Kräfte der Finsternis befinden, wird Energie aus dem Körper abgezogen. Ihre Aura strahlt wenig und schwach. Sie haben ein hohes Risiko krank zu werden.

Wenn ihr das jetzt verstanden habt, dann solltet ihr erkannt haben, wie Gott alles bis in die kleinste Einheit eures Seins lenkt.

Seid deshalb demütig und dankbar und vertraut auf Gott.

Das System der Zahlen in der Geistigen Welt Gottes

In der Geistigen Welt Gottes gibt es keine Zahlen, sondern nur Frequenzen. Um es aber für euch verständlich zu machen, werden alle Frequenzen in Zahlen ausgedrückt. Das sind eure Zahlen. Auf den anderen bewohnten Planeten gibt es keine Zahlen. Die Übertragung der Frequenzen erfolgt dort auf der Basis von Einteilungen in Determinationen, d.h. nach Bestimmungen, die diese Frequenzen beinhalten. Das ist etwas komplizierter, aber auch beherrschbar.

Bisher war es für keinen Menschen möglich, in das Frequenzsystem der göttlichen Einheit vorzudringen. Es wurde zwar erkannt, auch von dir, dass die Grundzahl aller Frequenzen die Zahl 7 ist, d.h. dass alle Frequenzen mit sieben Zahlen ausgedrückt werden können, aber noch nicht, dass jede Zahl eine eigene Qualität darstellt, die in ihrer Dimension unendlich ist. Wenn die einzelne Zahl diese Unendlichkeit nicht hätte, dann könnte auch die Unendlichkeit in der Vielfalt des Seins nicht ausgedrückt werden können. (siehe Bd. 1 „Im Sog der Geistigen Welt Gottes", S. 88 ff.)

Wie ist das zu verstehen?

Die Möglichkeiten einer feststehenden siebenstelligen Zahl sind begrenzt. Deshalb kann jede Zahl beliebig als Dezimalzahl erweitert werden, also mit Komma unendlich. Diese Erweiterungen teilt euch Gott aber nicht mit, da ihr den Platz und die Zeit nicht hättet, diese in die Unendlichkeit gehenden Erweiterungen aufzuschreiben. Mit diesen sieben Zahlen könnt ihr euch aber sehr gut in der materiellen und auch Geistigen Welt Gottes orientieren.

Jede Zahlenreihe ist eine Wirklichkeit an sich, die für die Bestimmung in einer feststehenden Ordnung geeignet ist. Das bedeutet, dass die Vielzahl der Frequenzen in bestimmte Gruppen eingeteilt wird. Wenn ihr also zum Beispiel nach eurer Körperfrequenz fragt (siehe Bd. 2, S. 180 ff.), dann werden euch die Zahlen aus der Gruppe der Körperfrequenzen mitgeteilt. Wenn ihr aber nach den Zahlen eurer Einweihungen fragt, dann werden euch die Zahlen aus dieser Gruppe übermittelt. Es kann jetzt vorkommen, dass die Zahlenreihen aus beiden Gruppen identisch sind. Deshalb ist es immer wichtig zu wissen, wonach ihr fragt. Es gibt an sich keine identischen Frequenzen, weil alles, was existiert, einmalig ist. Das hat Gott so eingerichtet. Wenn ihr also eine Verbindung mit irgendeiner Frequenz herstellen wollt, dann müsst ihr ganz präzise Eingaben vorgeben. Das ist mit großer Sorgfalt vorzunehmen.

Wir wollen das an einem Beispiel erklären.

Wenn ihr einen Helfer Gottes ruft, dann wird sich dieser bei euch melden wollen, vorausgesetzt ihr ruft ihn richtig. Zum Beispiel ist Kerfel, ein Helfer Gottes, verantwortlich für die Sicherheit in euren Gebäuden. Ihr kennt seinen Namen nicht und auch nicht seine Aufgabe, aber ihr benötigt seine Hilfe. Wenn ihr jetzt eure Bitte an Gott abgebt, dann wird Gott den richtigen Helfer beauftragen, dieses Problem zu lösen, wenn es dem Willen Gottes entspricht. So solltet ihr das immer tun. Wenn ihr aber jetzt versucht, einen Engel zu rufen, dessen Namen ihr von irgendwoher gehört oder gelesen habt, dann wird sich bei euch auch jemand melden, aber das ist nicht die Frequenz, die euer Problem lösen kann. Im Gegenteil: Wenn diese Frequenz die Aufgabe hat, falsche Zeichen zu setzen, die zum Beispiel die finsteren Mächte abhalten sollen, etwas Böses zu tun, dann könnte genau das Gegenteil eintreten von dem, was eintreten soll.

Die klar bestimmte Funktion jeder einzelnen Frequenz sichert die Einheit des Universums. Jede Frequenz ist geistiges Sein. Deshalb ist es auch möglich, dass ihr mit allen Frequenzen in Verbindung treten könnt. Diese Verbindung hat für euch eine lebenserhaltende Bedeutung. Ihr könnt die Botschaften dieser Frequenzen zwar nicht entschlüsseln, aber ihr erhaltet sie, wenn ihr darum bittet und Gott ruft. Es ist aber auch so, dass ihr in euer Unterbewusstsein Botschaften bekommt, die euch schaden. Das geschieht immer dann, wenn ihr flucht oder anderen Menschen schlechte Gedanken sendet. Dann werden diese Frequenzen gerufen, weil ihr sie aufgefordert habt, etwas zu tun. Es ist deshalb wichtig, dass ihr immer nur gute Gedanken aufnehmt und sendet.

Wir wollen jetzt die Bedeutung einzelner Zahlen in einer bestimmten Gruppe genauer betrachten. Es ist dies die *Gruppe der ersten Determination* (Gott: In diesem Zusammenhang bedeutet Determination „Bestimmung"). Zu dieser Gruppe gehören alle Frequenzen, die den Zusammenhalt des gesamten Universums sichern. Diese Frequenzen haben wie alle Frequenzen einen siebenstelligen Zahlencode. Die erste Zahl bedeutet die Anzahl der Galaxien in einem System. Das heißt, dass die Frequenz nicht mehr als neun Galaxien beinhalten kann. Die zweite Zahl bedeutet die Anzahl der Dimensionen, die in dieser Frequenz enthalten sind. Dimension bedeutet hier die Anzahl der Entwicklungsstufen, die diese Galaxien bereits durchlaufen haben. Die dritte Zahl erfasst die Qualität der erreichten durchschnittlichen materiellen Verbindungen. Das bedeutet, dass diese Verbindungen unendlich sein können. Die vierte Zahl bedeutet die hauptsächliche Bestimmung dieser Frequenz im universellen Gesamtsystem. Die fünfte Zahl bedeutet die jeweilige Qualität des gesamten Systems in Bezug auf die Ordnung der einzelnen Galaxien zueinander. Die sechste Zahl beinhaltet die Mitwirkung der Frequenz an der Entwicklung des Universums in seinen Systemen. Und die siebte Zahl bedeutet die natürliche Rangordnung der Frequenz im göttlichen Entwicklungsplan.

Das ist für euch jetzt etwas verwirrend, weil ihr damit absolut nichts anzufangen wisst. Gott will euch damit nur zeigen, wie das Universum strukturiert ist. Die einzelnen Frequenzen sind in sich unterschiedlich und einmalig.

Das System der Zahlen wird auf den verschiedenen Dimensionen von verschiedener Bedeutung sein. Es gibt die **Dimension der Einweihungen** in die Verbindungen der Geistigen Welt Gottes. (siehe Bd. 1, S. 82 ff.) Diese Dimension hast du, Peter, bereits beschrieben, da du diese Einweihungen selbst erhalten hast. Gott gewährt diese Einweihungen Menschen, die eine wichtige Aufgabe zu erfüllen haben, um die Menschen auf die künftigen Geschehnisse vorzubereiten. In dem Maße, wie sich diese Menschen dieser Aufgabe stellen und ihre Lebensweise dem Willen Gottes unterordnen, in dem Maße werden sie immer tiefer mit der Geistigen Welt Gottes verbunden. Das kann so weit fortgesetzt werden, bis derjenige mit allen Helfern Gottes verbunden werden kann und diese Helfer ihn auch rufen können. Dann ist die Einheit mit der Geistigen Welt Gottes hergestellt.

Es sind zurzeit nicht viele Menschen, die in diese Frequenzen eingeweiht wurden. Das hat auch einen Grund. Die Gefahr des Missbrauchs dieser Fähigkeit ist groß und die Nutzung für gierige Zwecke verführerisch. Deshalb gewährt Gott dieses Geschenk nur solchen Menschen, die aus den Botschaften keinen Gewinn ziehen wollen. Das sagt Gott diesen Menschen auch, und Gott prangert auch jeden Missbrauch sofort an. Eine Ausnahme gibt es nur insofern, wenn ein Energieausgleich für erbrachte Leistungen notwendig ist, vor allem, wenn eigene Lebensenergie dabei verbraucht wird. Über den Energieausgleich mit Geld kann das Gleichgewicht wieder hergestellt werden. Der geforderte Betrag soll aber nicht so hoch sein, dass es den Überbringer in Armut stürzt und den Empfänger bereichert. Diejenigen, die mit diesen Fähigkeiten ausgestattet wurden, leben auch in einer ständigen Gefährdung durch die Angriffe der finsteren Mächte. Ihre Nähe zu Gott und die Aufdeckung der Machenschaften der finsteren Mächte stellen für diese eine große Gefahr dar. Diese von Gott erwählten Menschen werden von dem Energiefeld der finsteren Mächte sofort erkannt. Da aber diese Auserwählten auch nur Menschen mit einem freien Willen und einer eigenen Entscheidungsfreiheit sind, haben sie auch menschliche Schwächen. Gott kann sie nicht immer vor den Angriffen schützen, wenn sich eine schwache Stelle auftut, aber Gott wird dafür sorgen, dass diese Angriffe diese Kinder Gottes nicht zerstören und von Gott trennen.

Die Frequenzen dieser Einweihungen haben verschiedene Stufen und Bereiche, die für die jeweilige Bestimmung kombiniert werden. Diese ermöglichen dann dem Eingeweihten, sich in diesem Bereich zu bewegen. Hat er diese Stufe erfolgreich bewältigt, dann kann er in die nächste Stufe mit einer anderen Frequenz kommen. Diese Frequenzen sind wie Schlüssel zu einem neuen Wirkungsbereich. So bedeutet zum Beispiel die Frequenz 1 - 3 - 6 - 1 - 6 - 3 - 1, dass derjenige durch Jesus heilen darf. Wenn jetzt die vierte Zahl eine - 5 - ist, dann darf der Heiler auch noch andere Helfer Gottes einbeziehen, die Gott ihm nennt. Auf diese Weise wird es zu einer wachsenden Vervollkommnung der Fähigkeiten des Heilers kommen, der aber nur ein Kanal für das Wirken der göttlichen Heilkraft ist.

Eine weitere Dimension stellt die *Verbindung mit den Dienern Gottes* auf der Erde dar. Diejenigen, die auch noch in diese Frequenzen eingeweiht wurden, sind berechtigt, über die Seelen der Menschen mit dem Geist Verbindung aufzunehmen, um in diesen Geist bestimmte Botschaften zu geben, etwas nicht zu tun, was vielen Menschen schaden würde. Diese Einweihungen erhalten Menschen, die sehr rein sein müssen, weil sich sonst die Seelen der Menschen, die diese Botschaften erhalten, verschmutzen würden. Eine solche Frequenz hat zum Beispiel folgende Zahlen: 1 - 6 - 6 - 8 - 6 - 6 - 1. Das bedeutet in diesem Fall, dass derjenige mit allen Dienern Gottes Seelenkontakt haben darf, die sich mit Gott verbunden haben und mit ihrer Bestimmung auf der Erde nicht zurechtkommen. Wenn jetzt die vierte Zahl eine - 9 - ist, dann darf derjenige auch mit Seelen im Jenseits und im geistigen Reich Gottes kommunizieren. Gott hat dir, Peter, diese Einweihung gegeben. Deshalb darfst du mit heimgegangenen Seelen sprechen, aber nicht mit diesen Seelen, wenn sie wieder inkarniert sind, weil du mit ihnen über ihr letztes Leben auf der Erde sprechen müsstest. Und das dürfen sie nicht wissen, weil das ihren karmischen Lernprozess behindern würde.

Eine weitere Dimension ist die *siebenstellige Frequenz der Körper* aller lebenden Wesen. Darüber hast du bereits ausführlich geschrieben. (siehe Bd. 2, S. 180 ff.) Aber diese Frequenz hat noch eine weitere Bedeutung. Mit dieser Frequenz kann jeder Mensch eine Verbindung mit der geistigen Welt eingehen, auch das kleinste Wesen. In dieser Frequenz ist alles gespeichert, was dieses Wesen von allen anderen Wesen unterscheidet. Über diese Frequenz wird die Qualität des geistigen Zustandes mitgeteilt, das heißt, dass der erreichte Grad im Erfassen der Wirklichkeit codiert ist. So ist das Erkennen der falschen Bindungen möglich, die die Menschen eingegangen sind. Diese falschen Bindungen, die ihr auch Krankheit nennt, lassen sich korrigieren, wenn ihr Gott ruft und um Heilung bittet. Gott sendet euch dann mit der Heilenergie auch die Frequenz, die eure Körperfrequenz wieder korrigiert. In dieser Frequenz sind aber auch Schwingungen enthalten, die karmische Bindungen nicht auflösen dürfen. Das müsst ihr jetzt verstehen. Es gibt Belastungen, die dürfen erst geheilt werden, wenn der Mensch verzeihen kann und bereut. Manches Leid muss auch schmerzhaft bis zum Lebensende getragen werden. Dann kann auch kein Arzt und kein Heiler mehr helfen. Es sind aber wenige Menschen, die sich ein solches Schicksal ausgesucht haben.

Frage an Gott: Nach den Erklärungen zur Bedeutung der einzelnen Körperfrequenzzahlen im 2. Band müsste die Körperfrequenz eines vollkommen gesunden Mannes 8 - 8 - 1 - 8 - 1 - 8 - 8 bzw. 4 - 8 - 1 - 8 - 1 - 8 - 4 einer vollkommen gesunden Frau sein?

Gott antwortet: *„Das ist richtig, aber einen solchen Menschen werden ihr auf der Erde nicht finden. Auch ein Neugeborenes besitzt nicht diese optimale Körperfrequenz.“*

Frage: Wir sagen aber doch, dass jeder Mensch mit der Geburt von Gott einen vollkommen gesunden Körper erhält?

Gott: *„Das ist auch richtig, aber die karmischen Aufgaben verhindern eine solche absolute Vollkommenheit. Wenn eine Seele mit dieser Frequenz ausgestattet wäre, dann brauchte sie nicht zu inkarnieren.“*

Es gibt dann noch die Frequenzen aus den *1005 Dimensionen im Jenseits* (siehe Bd. 1, S. 159 ff.). Dieses Reinigungssystem der Seelen ist von Gott auf allen Ebenen so gesteuert, dass jede Seele von ihrem karmischen Schmutz befreit werden und gereinigt ins Geistige Reich Gottes geholt werden kann. In den einzelnen Dimensionen bekommt jede Seele eine neue Frequenz, die sie dann auch mit in einen neuen Körper nimmt. Jetzt könnt ihr verstehen, warum dieser neue Körper keine optimale Körperfrequenz haben kann, obwohl er gesund ist.

Auch die so oft gestellte Frage nach dem Wiedersehen der nächsten Angehörigen im Jenseits wird damit beantwortet. Da jede Seele eine neue Frequenz erhält, ist das Erkennen im Jenseits nicht möglich. Außerdem kommen die Seelen in verschiedene Dimensionen. Das ist abhängig vom Verschmutzungsgrad der Seele. Keine einzige Seele gleicht in der Belastung einer anderen. Erst wenn die Seelen rein sind und im Geistigen Reich Gottes angekommen sind, dann kann es vorkommen, dass Mütter ihre Töchter und Söhne wieder erkennen, aber nur dann, wenn sie sich gleichzeitig dort befinden. (siehe Bd. 3, S. 10 f.) Vor allem solltet ihr wissen, dass jeder Kontakt mit einer anderen Seele den Reinigungs-und Lernprozess behindern würde.

Ihr solltet das einfach glauben.

Es wird bei euch von vielen Schriftstellern, die angeblich tief geforscht haben, ein solcher Unsinn über das Jenseits geschrieben, dass es nur eine einzige Verwirrung gibt. Diese Menschen nutzen ihre Wortgewandtheit und ihre Titel zur Verbreitung von Unwahrheiten aus. Das sieht Gott mit heiligem Zorn, weil es die Menschen von Gott trennt. Das ganze System der Seelenreinigung ist Teil des ewigen Lebens und deshalb Gottes Werk. Es ist Ausdruck der unendlichen Liebe Gottes.

Ihr solltet das mit Demut und Ergebenheit beachten.

Helles Licht in euren Herzen

Das ist ein Kapitel, das euch alle erfreuen wird.

Alles, was in Licht getaucht ist, könnt ihr sehen. Dort, wo es dunkel ist, könnt ihr nichts erkennen. Aber ihr habt noch andere Möglichkeiten, das Licht zu erkennen. Das ist euer Herz. Euer Herz ist ein Empfänger von göttlichem Licht, das ihr nicht sehen könnt, weil es ein Licht ist, das das ganze Universum durchdringt und nicht identisch ist mit dem Licht, das ihr von der Sonne her kennt. Mit den Augen könnt ihr dieses Licht also nicht sehen. Es ist in eurem Herzen und durchleuchtet euer ganzes Sein. Das könnt ihr spüren, wenn ihr euch freut, denn dann fangen eure Augen an zu glänzen und bekommen ein feuchtes Aussehen. Diese Freude empfinden auch die Tiere, die in eurer Umgebung sind, weil sie ebenfalls ein Herz haben und ebenso fühlen können wie die Menschen. Deshalb solltet ihr das Licht in euren Herzen auch mit den Tieren teilen. Könnt ihr euch an ein Erlebnis erinnern, wo ihr richtig glücklich wart? Dann wisst ihr auch, wie sich euer Herz vor Freude ausgedehnt hat und förmlich zerspringen wollte. Dann habt ihr dieses Licht gespürt.

Dieses Licht ist lineare Energie, die euch Gott schickt, wenn ihr euer Herz weit öffnet, um mit Gott verbunden zu sein. Die Freude ist ein Geschenk Gottes. Sie ist nicht an den Verstand gebunden oder an Besitz. Jeder kann Freude erleben, wenn er sich eng mit Gott verbindet, auch diejenigen, die meinen, dass es in ihrem Leben keine Freude mehr geben kann, weil sie einen Schicksalsschlag nach dem anderen erlebt haben. Gott hat auch für diese Menschen das helle Licht auf die Ursachen gerichtet, damit diese Menschen wieder froh sein können. Gott vergisst niemanden. Deshalb habt immer Vertrauen zu Gott und überlasst Gott die Entscheidungen in euren Herzensangelegenheiten.

Du, Peter, weißt es bereits, wie es ist, wenn jemand in seelischer Not ist und sich mit der Bitte an dich wendet, Gott zu fragen, warum viele Dinge nicht in Ordnung sind. Wenn Gott dann die Antwort gegeben hat, sind sie erleichtert und können ihr Leben wieder mit Freude im Herzen genießen. Das wird auch so bleiben, wenn du Gott weiterhin in allem folgst. Gott will, dass die Menschen durch dich erfahren, dass es Gott wirklich gibt. Auch deine Frau Birgit ist so mit Gott verbunden, dass sie von Gott genaue Anweisungen bekommt, wie ein Kranker geheilt werden kann, wenn er es wirklich will. Diese Kraft wird Gott ihr in immer stärkerem Maße schenken, damit immer mehr Menschen über ihre Heilung zu Gott finden. Du darfst dich aber nicht auf alle Anfragen vor die vielen Situationen mit deinem Herzen stellen. Du musst zwischen dem Fragenden und deinem Herzen ein Schutzschild stellen, indem du Gott bittest, dich zu schützen. Sonst lässt du alle unguten Energien in dein Herz und bist am Ende schlimmer belastet als der Fragende. Beherzige diesen Hinweis Gottes.

Das Licht in eurem Herzen ist also Gott selbst. Wenn ihr euch freut, dann ist es Gott, der in eure geöffneten Herzen dringt. Dieses Licht offenbart sich auch noch in einer anderen Form. Wenn ihr euch in einer schwierigen Situation befindet, dann seid ihr mit Gott verbunden. Das wisst ihr bereits aus dem Gebet Gottes. Aber wie wirkt dann das Licht Gottes, wenn ihr euch in Gefahr befindet? Tausende Augen von Engeln beobachten euch und hüllen euch in ein schützendes Licht ein, das euch unverwundbar macht, wenn ihr mit Gott verbunden seid. Viele verbinden sich aber nicht mit Gott, wenn sie etwas unternehmen, und rennen blind in die Gefahr. Dann unterliegt dieses Handeln dem freien Willen, und dieser Mensch ignoriert das schützende Licht. Vor allem sind es die Menschen, die wirklich nur Böses tun, die sich gegen Gott stellen und dieses Licht nicht erkennen wollen. Dann kann Gott nicht eingreifen. Wir finden auch Menschen, die sich recht kurzsichtig in eine Gefahr begeben und um Hilfe bitten, wenn sie die Schwierigkeiten erkannt haben. Dann wird Gott eingreifen können.

Wir finden aber auch solche Situationen vor, wo sich Menschen gegenüber stehen, die sich gegenseitig vernichten wollen. Jede Seite bittet vorher darum, dass Gott ihnen den Sieg bringen möge. Das kann Gott nicht begleiten. Wenn sie sich umbringen wollen, dann müssen sie es tun. Wenn sie es nicht wissen, dass sie dadurch eine schwere Schuld auf sich laden, dann wird ihnen Gott das als karmische Aufgabe im nächsten Leben stellen müssen. Viele Leben sind im Laufe der Menschheitsgeschichte auf diese Weise vernichtet worden. Gott hat das mit Sorge beobachtet und deshalb seinen Sohn auf die Erde gesandt, damit die Menschen ihre Liebe zu dem Nächsten erkennen. Aber die Menschen haben diesen Friedensbringer ermordet und Gottes Wort und Gottes Mahnung missachtet. Deshalb hörte das Blutvergießen bis heute nicht auf. Das wurde in einem solchen Maße gesteigert, dass jetzt die gesamte Menschheit in Gefahr ist. Deshalb wird Gott dem Treiben der finsteren Mächte ein Ende setzen müssen.

Auf euch, die ihr Gottes Gebet aus den Büchern kennt, kommt die Aufgabe zu, diese Neue Zeit zu gestalten, indem ihr die Menschen aufklärt, was Liebe und Nächstenliebe bedeuten. Dazu benötigt ihr keine Waffen, sondern nur das Licht Gottes in euren Herzen. Denn dieses Licht wird euch führen und schützen, wird euch die Kraft verleihen und die richtigen Gedanken zur rechten Zeit bringen.

Das ist das Wesen des göttlichen Lichtes.

Das künstliche Sein im Menschen

Das künstliche[1] Sein ist ein Bereich im geistigen Istzustand des Menschen, der immer dann aktiviert wird, wenn sich der Mensch mit Dingen beschäftigt, die er mit absoluter Vollkommenheit gestalten will. Das ist nicht zu verwechseln mit der künstlerischen Darstellung der Wirklichkeit. Das ist eine Begabung, die einzelne Menschen geschenkt bekommen haben, um den Menschen Freude zu bringen.

Das künstliche Sein bezeichnet Gott als ein reines Streben des Geistes, Verbindungen mit der Geistigen Welt Gottes aufzunehmen, um alle die Informationen zu bekommen, die für die Lösung eines Problems erforderlich sind. Dieser Bereich im geistigen Sein ist vor allem bei Wissenschaftlern stark entwickelt, die sich mit der Aufdeckung des Wesens hinter den Erscheinungen beschäftigen, aber auch bei allen, die forschen wollen und sich mit dem, was bisher bekannt ist, nicht zufrieden geben. Der Zugang zu dem Meer des Wissens steht allen Menschen offen. Da gibt es keine Blockaden, die Gott errichtet, weil Gott möchte, dass sich jeder Mensch geistig vervollkommnet. Das Meer des Wissens enthält alle Informationen, die bisher der Geist aller Menschen hervorgebracht hat. Das ist der Bereich in der Geistigen Welt Gottes, der sich ständig vergrößert und sich auch qualitativ entwickelt. Alle Informationen, die diese Entwicklung behindern, werden von den Wächtern des Universums gelöscht. Dadurch ist das Meer des Wissens in sich rein und kann nicht als Kraftquelle für die Mächte der Finsternis missbraucht werden.

Wie vollzieht sich nun das Zusammenwirken der forschenden Menschen mit dem Meer des Wissens?

Ausgangspunkt ist das Bedürfnis des Menschen, sein Leben zu verbessern. Je intensiver er dieses Bedürfnis als Mangel aus dem bisherigen

---

[1] *Das Wort „**künstlich**" bedeutet bei Gott „**vollkommen**" bzw. „**wesentlich**", weil die Kunst Unvollkommenes bzw. Unwesentliches weg lässt.*

Zustand erlebt, desto konkreter werden die Fragen, die zur Lösung des Problems führen werden. Das Durchdenken des Veränderbaren ist die erste Stufe, aus der sich Lösungsmöglichkeiten ergeben, die die Lösung enthalten können, aber noch nicht die Lösung selbst sind.

Jetzt werden diese Gedanken mit den vorhandenen Informationen im Meer des Wissens verglichen. Liegen dort bereits Lösungen vor, dann werden diese Informationen sofort bereitgestellt. Alle anderen Varianten der Lösung werden ebenfalls überprüft. Das kann zu Überlagerungen führen, die völlig neue Verbindungen ergeben können. Dann sprechen die Menschen von Erfindungen.

Das ist die einfache Form der Verbindung mit dem Meer des Wissens. Es gibt aber auch noch Zusammenhänge, die etwas komplizierter sind. Dazu gehören die vielen Experimente, die ihr in euren Laboratorien durchführt. Diese Experimente haben das Ziel, aus den vielen Verbindungen der materiellen Welt diejenigen heraus zu finden, die einem bestimmten Zweck dienlich sind. Es sind dabei auch Verbindungen bezweckt, die es in der Natur nicht gibt, weil die Natur diese Verbindungen für ihre Reproduktion nicht benötigt. Die Menschen wollen durch die Ergebnisse dieser Forschungen ihre Lebensbedingungen verbessern. Das sieht Gott mit Freude, weil Gott möchte, dass sich die Menschen die tiefen Erkenntnisse der Wissenschaft zur Vervollkommnung ihres Daseins auf der Erde zunutze machen. Auch dafür gewährt Gott den Forschern den Zugang zum Meer des Wissens.

Der Missbrauch aber wird von Gott nicht akzeptiert. Die Mächte der Finsternis benutzen einen Großteil der Forscher für ihre Zwecke, um Verbindungen aufzudecken, die der Vernichtung der Menschen dienen. Diese Menschen haben keinen Zugang zum Meer des Wissens, sondern müssen aus den eigenen Erkenntnissen heraus zu Ergebnissen kommen. Der Nutzen dieser Erkenntnisse ist für die gesamte Menschheit gering, deshalb werden diese auch in der Neuen Zeit vernichtet werden.

Eine weitere Form der Nutzung der geistigen Möglichkeiten der Menschen besteht in der Verbreitung der Ergebnisse der Forscher. Das geschieht an Schulen und Universitäten. Die Menschen der Erde haben ein Bestreben entwickelt, allen Kindern den Zugang zu diesem Wissen zu ermöglichen. Das kann auch in der Neuen Zeit ausgebaut werden. Nur wird es darauf ankommen, den Erwerb von Wissen zu optimieren. Die gegenwärtigen Methoden sind auf das Tagesbewusstsein ausgerichtet und nutzen nicht die unerschöpflichen Möglichkeiten des Unterbewusstseins. Im Unterbewusstsein ist das Meer des Wissens gespeichert. Ihr habt euch sicher schon gefragt, wo sich das Meer des Wissens befindet. Es ist in jedem Menschen selbst, in den Wänden der Gehirnzellen. Eine andere Möglichkeit hat Gott nicht, um dieses unerschöpfliche Wissen genau dort zu speichern, wo es auch abgerufen werden kann. Jedes neugeborene Kind wird mit diesem Wissen ausgestattet. Jeder ist damit Träger des gesamten universellen Wissens. Der uneingeschränkte Zugang zu diesem Wissen würde die Kapazität des Tagesbewusstseins überfordern. Deshalb öffnet Gott nur demjenigen den Zugang, der dieses Wissen für sich und zum Wohle aller Menschen nutzen will.

Es geht bei diesem Wissen nicht um geistige Verbindungen, die in euren Büchern aufgeschrieben sind. Das ist ein großer Unterschied zum Tagesbewusstsein. Im Meer des Wissens sind die Verbindungen gespeichert, die ihr benötigt, um neue Erkenntnisse zu gewinnen. Deshalb ist dieses Wissen ein an Kenntnissen armes und an Erkenntnissen reiches Wissen.

Die Kenntnisse erwerbt ihr euch selbst, die Erkenntnisse werden euch geschickt.

Damit will euch Gott sagen, dass ihr euch die Erkenntnisse durch Fleiß verdienen müsst. Erst müsst ihr auf die Notwendigkeit neuer Erkenntnisse stoßen. Dann beginnt ihr alles zu studieren, was bisher an Erkenntnissen aus dem Meer des Wissens frei gegeben wurde.

Dann kommen euch die neuen Verbindungen in euer Bewusstsein, die aus dem Meer des Wissens kommen. So reichert ihr dann das Meer des Wissens mit euren neuen Erkenntnissen an, die dann für alle diejenigen, die sich danach mit diesem Problem beschäftigen, zu Kenntnissen werden. Das ist das Wechselspiel der Erneuerung eures Wissens.

Künstlich bedeutet deshalb, dass ihr der Wirklichkeit immer tiefer in euren Erkenntnissen folgt, aber ihr schafft mit der Erkenntnis keine neue Wirklichkeit. Erst wenn ihr die Erkenntnisse umsetzt in neue materielle Gebilde oder andere Strukturen, dann hört das Wirken eures Geistes auf künstlich zu sein. Schaut euch eure Lebensbedingungen an. Alles bildet eine Einheit aus geistigem Erkennen und materieller Umsetzung. Nur so kann euer Leben immer lebenswerter sein.

Dann gibt es noch einen Bereich des künstlichen Seins, dessen Erkenntnisse nicht materialisiert werden können und lediglich dem Verständnis der Wirklichkeit dienen sollen. Das ist auch notwendig, weil hier die Menschen das Wesen ihres göttlichen Seins erfahren und erkennen können. Gott muss euch aber auch sagen, dass in diesem Bereich viel zu viel Unsinn erscheint, und jeder meint, er hätte die Wahrheit erkannt. Jene Menschen, denen Gott keine Berechtigung geschenkt hat, mit der Geistigen Welt Gottes zu kommunizieren, die aber meinen, die Geistige Welt Gottes genau zu kennen und darüber schreiben, sind wirklich abzulehnen, da sie ein falsches Bild von Gott wiedergeben und somit den Weg der Suchenden erschweren.

Die schwierige Kraft des Widerstandes

Das ist ein Thema, das ihr bisher nicht für überlegenswert gehalten habt, weil ihr meint, dass ihr in euch keine Widerstände zu überwinden hättet. Euer ganzes Sein ist ein einziger Kampf gegen euch selbst. Dieser Kampf macht euch stark und sichert euer Überleben. Seht euch alle eure Erfolge an, dann werdet ihr erkennen, dass kein einziger ohne Kampf errungen wurde. Euer Kampf in euch ist ein Kampf gegen das Stagnieren. Die Kräfte, die euch daran hindern wollen, etwas anderes zu tun, sind sehr stark. Sie klammern sich förmlich an das Bestehende und wollen verhindern, dass ihr euch ändert. Das ist einerseits ein Schutz gegen waghalsige und unüberlegte Querschläge, aber andererseits ein Hemmnis für die Entwicklung neuer Seiten. Ein gutes Mischungsverhältnis ist notwendig zwischen Überlegung und Abwägung, zwischen Mut und Feigheit, zwischen Furcht und Risiko. Gott hat euch diese Möglichkeiten geschenkt, damit ihr nicht blind in euer Verderben rennt und euren freien Willen von Verstand und Vernunft leiten lasst.

Wir wollen auch hier einige Beispiele anführen.

Da ist ein feiger Mensch, der vor der Entscheidung steht, eine vielgerühmte Schönheit um ihre Hand zu bitten. Da ihm aber der Mut fehlt, lässt er jede günstige Gelegenheit verstreichen, bis ein anderer kommt, der ihm seine Angebetete wegschnappt. Was ist nun in ihm vorgegangen? Zuerst ist da ein heißer Wunsch vorhanden, eine Frau zu bekommen, mit der er glücklich sein kann. Dann erscheint die Frau seiner Träume, aber seine inneren Widerstände halten ihn zurück. Er wartet auf einen Schritt des Entgegenkommens von seiner Flamme, aber der kommt nicht. Das Gleichgewicht zwischen Mut und Feigheit ist gestört. Für seine Angebetete ist das kein Unglück. Welche Frau möchte schon ihr Leben mit einem unentschlossenen Menschen teilen. Aber für den jungen Mann ist das ein Unglück, da er sich in seiner Feigheit bestätigt sieht und auch vor weiteren Niederlagen Angst hat. Hier war die Seite der Demütigung stärker, die ihn nicht zur Entfaltung kommen ließ.

Ein weiteres Beispiel zeigt das Gegenteil. Da ist ein junger Mann, der glaubt, dass er von allen Frauen angebetet wird. Er unternimmt nichts, um einer Frau zu gefallen und überlässt alles dem Zufall. Das führt dazu, dass die inneren Kräfte des Kampfes nicht entwickelt werden. Er glaubt dann auch in anderen Situationen, dass ihm alles zufällt. Das geschieht aber nicht, so dass er auf vielen Gebieten scheitern wird. Hier ist der Übermut stärker als die Zurückhaltung. Der Kampf wurde nicht geführt. Deshalb wurden auch keine Energien entwickelt, um siegen zu können.

In einem dritten Beispiel stellt euch Gott einen Menschen vor, der sich mit mehreren Dingen gleichzeitig beschäftigt. Auf der einen Seite entwickelt er sich zu einem Multitalent, andererseits dringt er nirgends in die Tiefe ein. Verschiedene Personen greifen seine Qualitäten auf und führen diese in der Tiefe weiter.

Wer ist nun unter diesen Personen der Kämpfer, das Multitalent oder der Spezialist? Es ist zweifellos der Spezialist, weil er sich immer weiter bemüht, vollkommen zu werden. Er lernt viel mehr als der Enzyklopädist und wird auch im Leben erfolgreicher sein. Das bedeutet aber nicht, dass Vielseitigkeit von Nachteil wäre. Im Gegenteil: Vielseitigkeit befruchtet das Spezialgebiet, weil es zu Nebenwirkungen führt, die vielfach das Thema ergänzen.

Alle drei Beispiele haben eines gezeigt: Um etwas zu erreichen, muss der Mensch gegen sich selbst kämpfen. Wer diesen Kampf scheut, wird nichts verändern und kann auch nichts aus Niederlagen lernen. Erinnert euch einmal an die erfolgreichste Zeit eurer Entwicklung, und ihr werdet feststellen, dass es eine Zeit des beharrlichen Kampfes gegen eure Schwächen war. Daraus habt ihr gelernt und euch entwickelt. Deshalb sagt euch Gott, dass der innere Sieg gegen alle Widerstände der entscheidende ist. Erst dann gewinnt ihr die körperliche und geistige Kraft für die äußeren Kämpfe. Es gibt in eurem Leben keine Seite, in der der Kampf fehlt. Alles muss erkämpft werden. Auch die kleinste Entscheidung ist das Ergebnis eines inneren Kampfes. Das Leben entlässt euch nicht von diesem Schlachtfeld, und ihr könnt euch auch nicht davonschleichen. Der Kampf ist Teil eures Seins. Ihr könnt euch zeitweise zurückziehen. Ihr könnt so tun, als ginge euch das alles nichts an, aber irgendwann wird euch das Leben zum Kampf zwingen und euch für euren Sieg die Waffen reichen.

Das solltet ihr erkennen.

Gott kennt eure Schwächen, aber auch eure Stärken. Wenn ihr euch mit Gott verbindet, dann werdet ihr geführt, dann wird euch Gott Mitstreiter an eure Seite stellen, damit ihr den Kampf zum richtigen Zeitpunkt führt und keine Kraft auf Nebenschauplätzen verschwendet. Aber auch die Wahl der Waffen wird euch Gott abnehmen, damit ihr wirklich das Richtige unternehmt, das zum Sieg führt. Ohne eine feste Bindung an Gott seid ihr in den Kämpfen eures Lebens hilflos und ungeschützt.

Frage an Gott: Vor allem das erste Beispiel wäre aus der Sicht der Darlegungen im letzten Kapitel als karmische Schuld zu sehen, die der junge Mann abzuarbeiten hat?

Gott antwortet: *„Das ist so nicht ganz richtig. Diese Entscheidungen unterliegen dem freien Willen. Gott stattet keinen Menschen mit Feigheit aus. Aber warum diese Verbindung nicht zustande gekommen ist, hat tatsächlich karmische Ursachen. Diese liegen aber nicht auf Seiten des jungen Mannes, sondern bei der jungen Frau. Diese sollte lernen, sich nicht für den ersten Bewerber zu entscheiden, sondern auf den besten Bewerber warten zu können. In einem früheren Leben hat sie durch ihre Ungeduld Menschen in schwierige Situationen verwickelt.“*

Die Schwächen der Menschen sind aus der Sicht Gottes eine oberflächliche Bindung an Gott. Das heißt, dass viele Menschen zwar mit

Gott verbunden sind, aber meinen, dass Gott es verzeiht, wenn sie sich diese oder jene kleine Verfehlung leisten. Da Gott nicht straft und diese Verfehlungen keine unmittelbaren Folgen haben, glauben manche sogar, Gott hätte das nicht bemerkt oder diese Taten sofort verziehen. Daraus wird dann geschlussfolgert, dass jeder seine kleinen Schwächen haben darf.

Gott sieht das etwas anders.

Jede kleine Schwäche ist Unvollkommenheit, die sich auf das gesamte Verhalten des Menschen auswirkt. An dieser Stelle erlaubt sich der Mensch, ganz bewusst von der göttlichen Bestimmung abzuweichen. Wenn er wollte, könnte er sich von dieser Schwäche trennen. Aber da diese angeblich sein Leben verschönert, wird sie beibehalten und sogar noch als Besonderheit zur Schau gestellt.

Solche Schwächen betreffen vor allem Ernährungsgewohnheiten. Da diese keinem anderen Menschen schaden, belasten sie auch nicht die Seele, sondern schaden auf Dauer nur *den* Menschen selbst, der diesen Schwächen erlegen ist. Wenn sich jemand vergorenen Getränken hingibt, dann ist das seine private Angelegenheit, auch wenn er dadurch seine Gesundheit ruiniert. Gott greift hier nicht ein, weil es sein freier Wille ist, sich für den Verzehr dieser Getränke zu entscheiden. Gott kann ihn aber auch nicht von den Folgen befreien, wenn dann bestimmte Organe nicht mehr richtig funktionieren.

Auch andere Gewohnheiten, die als solche gar nicht auffallen, werden von Gott registriert. Dazu zählt zum Beispiel die Reinlichkeit des Körpers, aber auch das höhere Verlangen nach einem guten Benehmen. Reinlichkeit ist bei den Tieren ein Instinkt, der sie zwingt, sich immer zu säubern. Beim Menschen wurde dieser Instinkt durch den freien Willen ersetzt. Das hat zur Folge, dass es große Unterschiede in der Reinlichkeit gibt.

Schlechtes Benehmen ist ebenfalls nicht angeboren, sondern aner-
zogen. Keiner muss schmutzig und unanständig herumlaufen. Auf
jeden Einzelnen kommt die Verantwortung für sein Leben zu. Deshalb werden diese Schwächen zuerst von anderen Menschen erkannt
und führen zur strikten Ablehnung des Betroffenen. Das ist auch
richtig, weil die eigene Würde durch diese Schwächen verletzt wird.
In der Regel ist jeder bemüht, sich den allgemeinen Gepflogenheiten
anzupassen. Nur diejenigen, die sich selbst nicht lieben können,
vernachlässigen auch ihre Wirkung auf andere Menschen.

Viele andere Schwächen will euch Gott noch nennen. Da ist die Sucht
nach vergorenen Getränken, nach Rauschmitteln, nach allem, was
niedere Bedürfnisse befriedigt. Vor allem ist es auch das Verletzen
des Ehegelübdes durch beiderlei Geschlechter. Das bringt sehr viel
Kummer in die Herzen, vor allem der Kinder.

Das Verhindern solcher Schwächen kann von außen nicht erreicht
werden. Daran muss jeder selbst interessiert sein. Gott gibt jedem
Menschen die Gelegenheit, diese Schwächen abzulegen. Gott stellt
den Menschen auch Vorbilder zur Seite, damit sie einen Maßstab für
ihr Verhalten haben. Jeder hat dadurch die Möglichkeit, von diesen
Menschen zu lernen.

Auf eine besonders große Schwäche will euch Gott noch aufmerksam
machen. Das ist eure Gier nach Geld. Diese Schwäche haben nahezu
alle Menschen. Sie nimmt in dem Maße zu, je mehr der Einzelne
davon hat. Das Geld ist nicht das entscheidende Kriterium dieser
Schwäche. Das Entscheidende ist das fehlende Vertrauen in die Liebe
Gottes zu seinen Kindern. Wie ihr es aus dem Gebet Gottes kennt,
erhaltet ihr euer tägliches Brot von Gott. Gott vergisst keines seiner
Kinder. Die Gier der Menschen hat aber dazu geführt, dass sich einige Wenige den größten Teil des Geldes angeeignet haben, wodurch
Armut bei der Mehrheit der Menschen eingetreten ist. Das ist das
Wirken der finsteren Mächte, die sich des Geldes bedienen, um die

Mehrheit der Menschen in dieser Armut zu halten. Das konnte und wollte Gott nicht verhindern, damit die Menschen am eigenen Leib diese Unnatürlichkeit erkennen und endlich beginnen, etwas dagegen zu tun. Dann werden die Unterschiede zwar nicht überwunden, aber die Ungerechtigkeit in der Verteilung.

Alles wird Teil der Veränderungen in der Neuen Zeit sein.

Das individuelle Sein als Erscheinungsform der Zeit

Das ist jetzt die Situationsbeschreibung des Menschen als ein Wesen seiner Zeit. Über Menschen und ihre Geschichte zu berichten, ist immer nur im Zusammenhang mit dem Zeitgeist möglich.

Was ist der Zeitgeist?

Das ist das gesamte Hier und Jetzt, in dem der Mensch lebt. Das Hier und Jetzt ist immer konkret vorhanden und bildet den jeweiligen Rahmen für das Handeln des Menschen. Deshalb ist es auch nicht richtig, jemanden im Nachhinein vorzuwerfen, dass er falsch gehandelt hätte, obwohl er gar nicht anders handeln konnte. Der Satz „Was wäre, wenn er dieses oder jenes erkannt hätte" ist deshalb unbegründet, weil er die Schranken seiner Zeit nicht überwinden konnte. Kein Mensch kann seiner Zeit voraus sein. Das hört ihr oft von großen Persönlichkeiten, die Visionen hatten, wie die Welt gestaltet werden müsste. Das waren Wunschgedanken, die sich aus den Unzulänglichkeiten der Gegenwart ergaben, sich aber immer in den Grenzen des Erkennbaren bewegten, was möglich ist. Über diese Grenzen hinaus ist keine Erkenntnis möglich. Beobachtet euch selbst und ihr werdet feststellen, dass sich eure Gedanken immer auf das Hier und Jetzt beziehen. Das ist auch gut so, denn in diesem Rahmen müsst ihr euer Leben organisieren. Alles andere nützt euch wenig, denn wenn ihr euch nur mit dem beschäftigen würdet, was sein könnte, dann könntet ihr die Gegenwart nicht gestalten. Eine Vision zu haben, ist ein guter Vorsatz. Jeder Mensch sollte solche Visionen haben, aber verlässliche Ratgeber sind sie nicht.

Jeder Mensch lebt in seiner eigenen Welt, die er sich selbst schafft und gestaltet und die von außen von dem beeinflusst ist, was andere um ihn herum geschaffen und gestaltet haben. Ohne dieses wechselseitige Geben und Nehmen wäre die Existenz des Einzelnen wie auch des Ganzen nicht möglich. Die Arbeitsteilung, die ein sehr hohes Niveau erreicht hat und eine Abhängigkeit bewirkte, wie noch nie zuvor in der Geschichte der Menschheit, verdeutlicht euch, dass euer Leben sogar gefährdet wäre, wenn es diese Wechselseitigkeit nicht gäbe.

Stellt euch nur einmal vor, ihr wäret allein auf der Erde und müsstet euch selbst um eure Ernährung, Kleidung und um euren Schutz kümmern. Das wäre euer Untergang. Die Entwicklung eurer gesamten Lebensumstände hat dazu geführt, dass ihr euch immer mehr zum friedlichen Nebeneinander zwingt. Aber die Entwicklung hat auch eine Kehrseite, die die Vernichtung der gesamten Menschheit bewirken könnte. Deshalb ist die Entwicklung zum friedlichen Nebeneinander aller Menschen zurzeit die wichtigste Aufgabe, die die Menschen zu lösen haben. Auf den einzelnen Menschen bezogen bedeutet das, dass jeder Mensch eine friedliche Beziehung zu seinem Nächsten eingehen muss. Sehr viele Menschen haben das bereits zu ihrem Lebensprinzip gemacht. Aber der Nächste ist auch derjenige, den keiner kennt und der an einem fernen Ort wohnt, den man auch niemals kennenlernen wird. Sein Leben ist ebenso wertvoll wie das eigene. Das erst sichert das friedliche Zusammenleben der Menschen. Auch wenn heute bei euch noch viele Menschen durch die Anwendung von Waffen sterben, so wird bald eine Zeit kommen, wo diese Waffen vernichtet und alle Konflikte mit Worten ausgetragen werden. Das ist keine Vision, sondern eine von Gott bestimmte Wirklichkeit. Dabei wird es auch Opfer geben, aber es werden die letzten sein.

Die richtige Orientierung kann der Mensch nur bekommen, wenn er sich in der Mitte aufhält. Die Mitte ist immer dort, wo der Mensch gerade ist, denn Gott ist die Mitte und ist deshalb mit allem verbunden. Nur der Mensch kann sich mit seinem Geist aus dieser Mitte begeben, dann bewegt er sich auch von Gott weg. Der Körper bleibt immer

Mitte. Aber wenn sich der Geist aus dieser Mitte entfernt, dann kann Gott ihm nicht folgen. Das ist für den Körper nicht gut. Der Körper ist immer im Hier und Jetzt, weil er die Mitte nicht verlassen kann. Der Körper gerät aber in einen tatsächlichen Konflikt, denn er muss dem Geist folgen, wie der Diener dem Herrn. Dadurch wird der Körper mit falschen Informationen beliefert und kann nicht mehr richtig funktionieren.

Wir wollen das an einem Beispiel erklären.

Die Menschen haben viele Interessen und Wünsche. Alle sind auf die Zukunft gerichtet, weil Wünsche immer etwas sind, was noch nicht ist. Ihre Erfüllung scheitert aber sehr oft an der Wirklichkeit, weil die Mittel nicht verfügbar sind. Die Wünsche widersprechen vielfach der göttlichen Bestimmung und der karmischen Aufgabe. Dennoch bemühen sich die Menschen um die Realisierung dieser Wünsche. Dadurch wird viel Lebensenergie vergeudet. Wenn sich der Mensch auf diese Weise schwächt, kommt der Körper aus dem Gleichgewicht und kann seine Aufgaben nicht mehr vollständig erfüllen. Das hat dann Auswirkungen auf das gesamte Verhältnis des Menschen zu seiner Umwelt.

Da ist zum Beispiel ein Mensch, der nur daran denkt, ein berühmter Schriftsteller zu werden. Er hat aber dafür keine Begabung geschenkt bekommen. Trotzdem schreibt er und erlebt eine Enttäuschung nach der anderen, weil keiner seine Bücher lesen will. Der Körper erhält dadurch ständig negative Impulse aus seinen Gefühlen der Resignation. Das sind falsche Informationen für die Zellen, die sich jetzt aus der Mitte bewegen, weil sie dem Geist folgen müssen. Ihr würdet sagen, der Mensch ist krank geworden.

Auch in einer anderen Richtung erfolgt das Verlassen der Mitte. Da ist zum Beispiel ein Mensch, der sich tatsächlich ohne Überlegung für eine offensichtlich falsche Glaubensrichtung entscheidet. Das geschieht sehr oft, da diese Entscheidungen wesentlich von den Eltern geprägt sind. Im Laufe der Zeit erkennt er, dass er sich total geirrt hat und bemerkt jetzt erst, dass sich auch sein Körper aus der Ordnung in die Unordnung bewegt hat. Solche Erkenntnisse sind aber sehr heilsam, weil sie sofort wieder den Weg für Körper und Geist frei machen in die Mitte, zu Gott.

Alles wird von Gott wieder in die Mitte gezogen. Das ist die göttliche Kraft, die keine Unordnung duldet. Deshalb sind eure Wünsche und Träume immer nur Erscheinungsformen eurer Gedanken, die um euer Hier und Jetzt kreisen. Deshalb dürft ihr aber ruhig weiter träumen und euch eine ideale Welt zurecht denken. Viele Wünsche können in Erfüllung gehen, aber nur dann, wenn in der Wirklichkeit die Bedingungen für ihre Erfüllung bereits vorhanden sind.

Eine weitere Frage, die ihr euch bereits oft gestellt habt, will euch Gott beantworten.

Warum gibt es qualitative Unterschiede zwischen den Menschen?

Dass es Unterschiede zwischen den Menschen gibt, ist für jeden sichtbar. Gott hat es so eingerichtet, dass kein Mensch einem anderen gleicht. Jeder Mensch ist mit seiner Körperfrequenz einmalig, so dass Gott jeden einzelnen Menschen erkennen, führen und schützen kann. Es sei denn, dieser Mensch möchte diesen Schutz und diese Führung nicht. Auch dann verfolgt Gott seine Entwicklung und die Erledigung der karmischen Aufgaben. Was Gott euch in diesem Abschnitt sagen möchte, ist die qualitative Seite eines Menschenlebens.

Was versteht Gott darunter?

In der Summe aller seiner Eigenschaften entwickelt sich der Mensch in Richtung Vollkommenheit. Das ist bei allen Menschen gleich, auch wenn das im Einzelfall bei all den vielen kriminellen Vergehen, die ihr erlebt, gar nicht erkennbar ist. Der Mensch braucht viele Leben, um vollkommen zu werden. Deshalb spielen bei Gott die Unterschiede in der Reife der Menschen auf ihrem Weg zur Vollkommenheit keine Rolle. Ihr seht also, dass die Menschen, die ihr jetzt auf der Erde habt, qualitative Unterschiede in ihrer Entwicklung haben. Das macht euer Leben sehr interessant und bunt. Nur wisst ihr nicht, wie oft *die* Menschen, die um euch herum agieren, bereits auf der Erde waren, denn genau daraus ergeben sich die Lerneffekte im Zusammenleben der Menschen. Die vielen Unterschiede im Reifegrad erkennt ihr daran, dass die einen sich den Kräften der Finsternis beugen und die anderen dagegen gewappnet sind. Eure Wertung dieser Unterschiede ist aber ganz anders. Ihr glaubt, dass sich alle Menschen gleich verhalten müssten, weil doch in jedem Menschen von Gott der Glaube an das Gute eingepflanzt wurde. Das ist zwar richtig, aber die Entwicklung zum Guten ist bei jedem Menschen unterschiedlich ausgeprägt. Kaum ein Mensch ist in der Lage, nur Gutes zu tun, deshalb wird der Weg zur Vollkommenheit immer eine Auseinandersetzung zwischen der guten und der schlechten Tat sein. Die Schwere der Handlungen unterscheidet sich ebenfalls nach der Anzahl der Inkarnationen. Nur Menschen, die in ihrer Entwicklung nahezu vollkommen sind, haben das Böse besiegt. Sie sind diejenigen, die das moralische Gewissen der Zeit darstellen, in der ihr jetzt lebt. Ohne diese Menschen wäre die Erde schon längst vernichtet worden. Die Mehrzahl der Menschen ist immer vom Guten geleitet. Auch diejenigen, die die Macht haben, gehören dazu. Kein Mensch hat in sich den Drang, andere Menschen zu töten, wenn er nicht von der bösen Seite verführt und angestiftet wird. Das ist die Grundlage für ein friedliches Zusammenleben aller Menschen. Deshalb wartet nicht auf den Tag, von dem an alle Menschen vom bösen Tun befreit sind, sondern geht selbst mit gutem Beispiel voran und verbringt jeden Tag mit tätiger Nächstenliebe. Das ist der Weg der geistigen Umgestaltung der Menschheit. Denkt nicht, dass von außen irgendein Retter kommt, der euch diese Aufgabe abnimmt. Aus euren selbstgemachten Problemen müsst ihr euch selbst befreien. Vor allem befreit euch von denen, die noch meinen, dass die Anwendung von Waffen die Probleme lösen können. Sie sind in ihrer Entwicklung zur Vollkommenheit auf einer sehr niedrigen Stufe. Ihr Einfluss auf die Entwicklung der friedlichen Mehrheit muss eingeschränkt werden.

Auf einen weiteren Aspekt will euch Gott aufmerksam machen.

Für viele Menschen hat die Anzahl der Inkarnationen keine Bedeutung, weil sie es nicht glauben. Wissen tut es keiner, weil Gott euch dieses Wissen nicht preisgibt. Das ist für euch unnötiges Wissen und würde euch nur belasten. Aber wichtig für euch ist zu erkennen, dass ihr in eurem jetzigen Leben eine Möglichkeit habt, von allem Bösen frei zu werden und euch damit in einem neuen Leben auf einer hohen Entwicklungsstufe in den Kampf für das Gute einzureihen. Je reiner ihr euer Leben auf der Erde führt, desto reiner wird euer Leben auf der höheren Entwicklungsstufe sein.

Beobachtet deshalb genau, was ihr täglich tut und lasst euch in eurem Handeln immer von den Geboten Gottes leiten, dann bleibt ihr in der Mitte und könnt euch von den finsteren Mächten nicht verleiten lassen.

Gott schützt euch, wenn ihr diesen Weg geht.

Oberflächliche Betrachtungen der göttlichen Allmacht

Die Menschen bemühen sich sehr wenig, Gott in allem zu erkennen. Dass ihr ohne diese Kraft nicht eine Sekunde leben könntet, wird von der Mehrheit der Menschen nicht erkannt. Das wird an verschiedenen schädlichen Betrachtungen deutlich.

Unter Gott stellen sich viele Menschen einen **alten Mann** mit einem langen Bart vor. Dazu thront dieser weise Mann irgendwo im Himmel und beobachtet die Menschen, die ihn aber nicht sehen können. Diese menschliche Darstellung soll Gott als den Vater aller Menschen verkörpern. Das verführt zu der Vorstellung, dass Gott alle menschlichen Schritte lenkt, Verfehlungen straft und seine Liebe nur denjenigen schenkt, die zu ihm aufschauen und beten.

Eine weitere falsche Darstellung besteht darin, Gott als eine **strahlende Lichterscheinung** sehen zu wollen. Diese Menschen suchen Gott in der Meditation und meinen, wenn sie lange genug Gott gerufen haben, die Verbindung mit Gott hergestellt zu haben. Diese Menschen erkennt Gott als Diener Gottes an, aber das ist keine richtige Vorstellung von Gott.

Eine weitere falsche Darstellung besteht darin, dass Gott als **Widersacher des Teufels** gesehen wird, der das Böse verkörpert und alles Gute vernichten will. Diese Polarisierung existiert nicht. Die Einheit allen Seins ist Gott. Es gibt also neben Gott keinen Bereich, der völlig unabhängig von Gott existiert. Den Teufel oder Satan haben die Menschen geschaffen, um Menschen in Angst zu versetzen. Angst ist die beste Form, um Menschen zu beherrschen. Das war schon immer so. Gott verurteilt diese Menschen, weil sie die strafende Ergebenheit unter die Herrschaft dieser Menschen erzwingen wollen. Das kann auch dazu führen, dass Menschen nicht zu Gott finden, weil sie einen strafenden Gott ablehnen. In vielen kirchlichen Organisationen ist diese falsche Darstellung weit verbreitet. Deshalb kann Gott diese Organisationen nicht führen. Die Menschen in diesen Organisationen sind dort, um sich mit Gott zu verbinden. Das erkennt Gott an und schützt sie. Aber die Bindung an diese Organisation verhindert, dass sie angstfrei an Gott glauben. Vor allem sind es die katholischen Priester, die diese falsche Darstellung in ihren Kirchen verbreiten. Gott sieht das mit heiligem Zorn, weil das nicht Gottes Wort ist, wie es im Gebet Gottes erklärt ist. Es wird für diese Kirche eine große Umstellung sein, das Wort Gottes anzuerkennen.

Frage an Gott: Was ist heiliger Zorn? Da Gott bereits an anderer Stelle diesen Begriff gebraucht hat, zweifelten einige Leser den Wahrheitsgehalt der Botschaften an, d.h. dass die Botschaften nicht von Gott sein könnten, da Gott sicher nicht zornig sein könnte.

Gott: *„Zorn ist bei Gott kein Gefühl und auch keine Wut. Wenn Gott von heiligem Zorn spricht, dann ist damit die vollständige Ablehnung derjenigen gemeint, die sich in Wort und Tat gegen Gott stellen, da sie verhindern, dass die Menschen zu Gott finden. Heilig bedeutet die Ganzheit der Ablehnung."*

Eine weitere falsche Darstellung besteht darin, **Gott auch als eine Erfindung der Menschen** zu bezeichnen. Der Glaube an Gott wäre etwas für solche Menschen, die fremder Hilfe bedürften, weil sie ihr Leben nicht selbst beherrschen könnten. Wer dies behauptet, findet seine Mitte selbst nicht und hat deshalb auch keine Bindung an Gott. Es ist schwierig, solche Menschen zu überzeugen. Das solltet ihr auch nicht mit euren Argumenten versuchen. Die Wirklichkeit hat die besten Argumente, und die sind von Gott. Lasst euch auf keine sinnlose Diskussion ein. Diese Menschen sind so von sich überzeugt, dass es der Mühe nicht wert ist, auf sie einzuwirken.

Wie aber sollen solche Zweifler Gott als Herrscher aller Welt und Schöpfer allen Seins mit aufgeschlossenem Herzen anerkennen?

Das Leben selbst führt sie zu Gott. Da jeder Mensch Gottes Kind ist, wird Gott auch dafür sorgen, dass alle Menschen wieder zu Gott finden werden. Für euch, die ihr Gott bereits erkannt habt, ist es wichtig, dass ihr standhaft bleibt und euch zu Gott bekennt, immer und überall. Jeder soll es wissen, dass ihr in einer Organisation seid, in der sich die Mitglieder auf die göttliche Kraft einstellen und dadurch Heilung erfahren.[2]) Wenn ihr das überall verbreitet, dann habt ihr viel um euch herum getan, um Menschen auf den Weg zu Gott zu führen. Alles, was ihr dafür tut, ist von Gott geschützt.

Eine weitere schädliche Art, Gott zu verleugnen, besteht darin, kaufmännische Aktivitäten zu betreiben, um durch den Verkauf von Kreuzen, Abzeichen, falschen Darstellungen des Lebens Jesu und der Botschaften Gottes Geld zu verdienen. Das ist kein Dienen, sondern die Befriedigung der eigenen Gier. Gott muss nicht dargestellt werden, und die Bindung an Gott muss nicht durch Zeichen bekundet werden. Liebt Gott mit eurem ganzen Herzen und tut Gutes, überall wo ihr seid, dann habt ihr die Verbindung zu Gott. Mehr braucht ihr nicht zu tun.

Gott will euch eine weitere Frage beantworten.

Wie ist die Führung zwischen Gott und Jesus aufgeteilt?

Das ist für euch oft eine Gewissensfrage. Wen sollt ihr zuerst rufen: Gott oder Jesus, den Sohn Gottes? Oder gibt es gar keine Unterschiede zwischen beiden? In einigen Dingen müsst ihr klare Unterscheidungen machen.

---

[2] *Gemeint sind diejenigen, die sich in Gemeinschaften mit der Lehre Bruno Grönings, dem Heilstrom und der Heilung auf geistigem Wege beschäftigen.*

Was sind das für finale Unterschiede?

Betrachten wir zuerst Gott selbst. Ihr wisst bereits, dass Gott alles ist. Das bedeutet, dass auch Jesus ein Teil der Welt Gottes ist. Ihr könntet dann meinen, dass es ausreichen würde, nur Gott zu rufen, weil dann auch gleichzeitig Jesus mit gerufen wurde. Das ist aber nicht richtig.

Gott als Herrscher dieser Welt ist für das gesamte unendliche Universum zuständig, Jesus jedoch nur für die kleine Erde.

Gott hält die Verbindung zu allen Seelen auf allen belebten Planeten. Jesus ist nur zuständig für die Seelen auf der Erde, im Astralreich und im Jenseits der Erde. Das sind im Vergleich zu allen Seelen sehr wenige.

Gott erkennt die Fehlentwicklungen in den Galaxien und hat die Mittel, diese zu korrigieren. Jesus kann nur die Fehlentwicklungen auf der Erde erkennen, diese an Gott weiter leiten, damit Gott in Abstimmung mit den anderen Galaxien die entsprechenden Korrekturen einleitet.

Gott ist an allen Veränderungen beteiligt, die notwendig sind, und verteilt die erforderlichen Energien. Jesus kann keine Veränderungen einleiten, und er verfügt auch nicht über die entsprechenden Energien.

Gott ergreift alle Maßnahmen zur Rettung der Erde vor den Mächten der Zerstörung. Jesus kann lediglich die Menschen schützen, damit sie sich nicht von den Mächten der Zerstörung für deren Ziele einspannen lassen.

Gott kennt die Wege aller Seelen von Ewigkeit zu Ewigkeit. Jesus ist nur für die Seele zuständig, die sich gerade auf der Erde befindet. Jesus begleitet die Seele bis zur Reinigung im Jenseits.

Gott ist für die karmischen Aufgaben zuständig, Jesus für die Befreiung vom karmischen Schmutz.

Gott sendet euch die Heilfrequenz, Jesus leitet sie in euren Körper.

Frage an Gott: Und was macht Bruno Gröning?

Gott: *„Er transformiert den Heilstrom in Heilenergie. Das ist etwas anderes. Die Heilfrequenz ist eine für jeden Menschen bestimmte Frequenz zum Korrigieren der Körperfrequenz. Jesus ermittelt die Körperfrequenz und leitet diese an Gott weiter. Wenn der Mensch jetzt Gott um Heilung bittet, dann sendet Gott die Heilfrequenz. Die Heilenergie Bruno Grönings ist eine hochschwingende Energie, die immer dann zur Wirkung kommt, wenn ihr Bruno Gröning ruft. Aber viele Menschen kennen Bruno Gröning nicht, deshalb hilft Gott, die Heilfrequenz in die Körper zu geben. Gleichzeitig beauftragt Gott Bruno Gröning, diesen Menschen die Heilenergie zu senden, wenn sie Gott rufen und um Heilung bitten. Der Unterschied besteht eigentlich darin, dass die Heilfrequenz die Ordnung wieder herstellt, während die Heilenergie die falschen Informationen aus den Zellen löst. Beides zusammen bedeutet Heilung."*

Gott entscheidet, wer geheilt werden kann, während Jesus lediglich die Bitte entgegen nehmen kann.

Das sind die wesentlichen Unterschiede.

Aber Jesus hat als Sohn Gottes und Herrscher auf der Erde noch weitere Aufgaben:

Da ist zuerst die Aufgabe, die Liebe in die Herzen der Menschen zu bringen. Das ist für Jesus die wichtigste Aufgabe. Deshalb hat euch Gott seinen Sohn auf die Erde geschickt, erst als Mensch, dann als Frequenz, die ihr auch als Heiliger Geist bezeichnet.

Da ist weiter die Aufgabe, den Frieden unter den Menschen zu sichern. Das gelingt bei der Mehrheit der Menschen, aber noch nicht bei den Herrschenden, die von der Gier geleitet werden.

Da ist weiter die Aufgabe, in die tiefen Bindungen der Menschen einzugreifen, damit die Seelen vor Schmutz geschützt werden. Ohne dieses Eingreifen müssten die Seelen den Körper viel früher verlassen.

Da ist weiter die Aufgabe, für alle Menschen für ausreichend Nahrung zu sorgen. Das gelingt auch, aber die Menschen ernähren sich nicht von dem, was Gott wachsen lässt, sondern von den Kindern Gottes, den Tieren. Das wird Gott ändern.

Und schließlich ist Jesus dafür da, auf der Erde alle Diener Gottes zu führen. Das ist eine sehr verantwortungsvolle Aufgabe, weil diese Diener Gottes die Garantie geben, dass die Menschheit in die Neue Zeit geführt werden kann. Ihr müsst euch deshalb auch immer eng mit Jesus verbinden. Er ist es, der euch immer führen wird. Er ist es auch, der alles erlaubt, was ihr in Gottes Namen tun wollt.

Die Öffnung des Herzens

Das ist eine Frage, die sich viele Menschen stellen, die Gott spüren wollen. Das geöffnete Herz ist eine Vorstellung des Geistes, die in Wirklichkeit nicht vorkommt. Ihr habt bereits gute Ärzte, die in der Lage sind, erkrankte Herzen zu öffnen. Dort findet ihr aber nicht das, was Gott damit meint. Die Öffnung eurer Herzen ist eine tiefe Bindung an die geistige Welt. Das ist nicht nur Meditation, in der ihr euch über eure Seele öffnet. Das ist die Herstellung der Einheit zwischen eurem ganzen Wesen und Gott. Für eure Seele ist das Herz die eigentliche Verbindung zu eurer Vernunft und eurem Gewissen. Gott erkennt über die Seele eure Ehrlichkeit, mit der ihr eine Verbindung zu Gott herstellen wollt. Damit wird das Herz zu einem Zentrum der Verbindung zu Gott.

Gott hat euch bisher noch keine Informationen über euer Herz gegeben. Das hatte auch einen Grund: Euer Herz ist ein besonderes Geschenk Gottes. Ohne das Herz könnt ihr nicht leben. Wird das Herz verletzt, stirbt der Mensch. Ihr wisst selbst, dass alle Organe eures Körpers ersetzt oder in den Funktionen begrenzt werden könnten. Der Austausch von Organen ist manchmal notwendig, aber dabei darf kein Spender und Empfänger sterben. Nur das Herz ist nicht ersetzbar, weil dadurch die Verbindung dieses Menschen zu Gott unterbrochen würde und der Spender sterben müsste. Auch wenn ihr das Herz komplett austauschen würdet, wäre das kein Organersatz. (Siehe auch Band 3 – Einleitung)

Das sind die materiellen Begebenheiten dieses Wunderwerkes Gottes. Aber das Herz ist viel, viel mehr.

Die Einteilung eures Herzens in verschiedene Kammern trennt das verbrauchte Blut vom gereinigten Blut. Das ist wie in anderen Organen auch ein ständiges Erneuern der Lebensprozesse aus sich selbst heraus. Dieses ständige Erneuern kommt einem ständigen

Wiederherstellen der göttlichen Ordnung gleich. Dadurch sichert Gott euer Leben. Überlegt einmal wie viele Prozesse in eurem Körper in einer Sekunde ablaufen. Das könnt ihr nicht, weil ihr das auch nicht müsst. Diese Aufgabe erledigt Gott für euch. Eure Aufgabe ist es, mit Hilfe eurer geistigen Kräfte das Leben zu gestalten, indem ihr euch durch Liebe und Nächstenliebe immer näher zu Gott bewegt und Gott in allem erkennt. Alles, was euren Körper betrifft, hat Gott mit seiner Liebe sorgfältig organisiert. Sorgt ihr dafür, dass ihr euren Körper richtig ernährt, bewegt und reinigt und ihn nicht mit schlechter geistiger Nahrung irritiert. Aus der Vernachlässigung dieser Grundsätze entstehen eure Krankheiten, für die ihr Gott nicht verantwortlich machen könnt. Wirkliche Gesundheit erreicht ihr nur, wenn ihr euch nach den Geboten Gottes richtet. Und genau das ist der Grund, weshalb ihr nicht die von Gott bestimmte Lebenszeitspanne erreicht. Viele Menschen vernachlässigen diese Gebote und wundern sich, wenn sich ihr Körper aus der von Gott bestimmten Ordnung bewegt. Gott kann diese Körper erst dann wieder in die Ordnung zurückführen, wenn dieser Mensch wieder über das Gebet Gottes versucht, den Weg zu Gott zu finden. Das bedeutet nicht, dass dann sofort alle wieder geheilt werden. Oft sind die angerichteten Schäden so groß, dass auch Gott die vollständige Ordnung nicht mehr herstellen kann und sehr oft auch nicht mehr will. Das ist vor allem dann der Fall, wenn immer wieder erneut gegen die Gebote Gottes verstoßen wird.

Euer Herz hat in dieser Ordnung eures Körpers eine ganz besondere Aufgabe. Alles was ihr fühlt, wird über euer Herz wahrgenommen. Deshalb hat auch das Herz eine solche Bedeutung in eurem Gefühlsleben. Ihr greift euch an euer Herz, wenn ihr starke Veränderungen wahrnehmt, die euch bewegen. Ihr steht auf, wenn ihr mit eurem Herzen Probleme habt. Die Energien, die im Herzen konzentriert sind, unterscheiden sich von allen Energien im gesamten Körper.

Welche Besonderheiten haben diese Energien?

Die Energie des Herzens, die den Herzrhythmus bestimmt, ist linear. Das bedeutet, dass die Auf-und-Ab-Bewegungen des Herzrhythmus nicht zu verwechseln sind mit polaren Rhythmen.

(Da ich das nicht verstanden habe, musste ich mehrmals nachfragen, da Gott im 3. Band zu den verschiedenen Formen der Polarität gesagt hat, dass in den Organen des Menschen eine weitere Polarität besteht und das Herz eine eigene Polarität hätte, wie auch die Leber und die Nieren. Gott sagte dann mehrmals, dass der einzelne Herzschlag polar sei, aber nicht der Herzrhythmus).

Alle Informationen werden in einer verschlüsselten Form von Gott mit linearer Energie in das Herz gegeben. Dort werden sie in polare Energie umgewandelt und an den Geist weiter geleitet. Diese Informationen werden im Unterbewusstsein gespeichert und sichern, dass ihr immer mit Gott verbunden seid. Es gibt Menschen, denen Gott die Erlaubnis gegeben hat, über diesen Weg mit Gott zu kommunizieren.

Die Antworten, die du, Peter, von Gott erhältst, werden in linearer Energie in dein Herz gegeben. Die Weiterleitung an das Unterbewusstsein erfolgt mit polarer Energie.

Für alle Menschen sind diese Informationen nicht zugänglich. Aber alle Menschen sind so von Gott geschaffen worden, dass sie diese Informationen erhalten könnten. Erst wenn über eine besondere Frequenz die Möglichkeit gegeben wurde, diese Informationen zu entschlüsseln, dann ist diese Hürde zwischen Unterbewusstsein und Bewusstsein aufgehoben. Aber auch hier gewährt Gott den Zugang nur für ausgewählte Bereiche der Wirklichkeit. Ein vollständiger Zugang zu allen Verschlüsselungen würde den Menschen an der Verwirklichung seiner Bestimmung hindern. Dennoch will Gott euch über diese Menschen das vermitteln, was ihr unbedingt wissen solltet.

Diese Menschen bleiben weiterhin als einfache Kinder Gottes unter euch. Sie unterliegen ebenfalls ihrer karmischen Bindung und werden aus dieser auch nicht befreit, solange sie nicht selbst die Ursachen dieser Bindungen beseitigen. Gott stellt an diese Menschen jedoch besonders hohe Anforderungen. Vor allem sind es die Gebote Gottes (siehe Bd. 1, S. 60 bzw. unten), die ohne Kompromisse einzuhalten sind. Jeder Verstoß würde sofort die Löschung der Frequenz nach sich ziehen. Diesen Menschen wurde das von Gott auch mitgeteilt.

Ich fragte Gott, ob es nicht heißen müsste „jeder bewusste, das heißt vorsätzliche Verstoß würde sofort die Löschung der Kommunikationsfrequenz nach sich ziehen".

Gott verneinte das. Auch fahrlässige Verstöße hätten dieselbe Konsequenz.

Da es den Menschen mit ihrem begrenzten Denken schwer fällt zu glauben und anzuerkennen, dass ausgewählte Menschen mit Gott kommunizieren dürfen, werden diese Menschen oft ausgelacht, ignoriert und gedemütigt. Das kann Gott nicht verhindern. Gott weiß aber, dass diese Menschen den Auftrag Gottes sehr ernst nehmen und die Botschaften Gottes unter den Menschen verbreiten. Deshalb ist es nur eine Frage der Zeit, bis diese Menschen als Boten Gottes Anerkennung finden.

Euer Herz ist das Zentrum eures Seins. Kein anderes Wesen hat ein solches Herz erhalten. Dieses Herz ist nicht nur die Pumpe für das Blut, sondern auch die Pumpe für die **Lebensenergie**. Das sind zwei unterschiedliche Kreisläufe, die ihr bekommen habt. Über das Blut hat euch Gott bereits aufgeklärt (siehe Bd. 2, S. 265ff.). Der Energiekreislauf beginnt ebenfalls im Herzen, und zwar in der rechten unteren Herzkammer. In gleichmäßigen Abständen wird die Lebensenergie in die Zellen gepumpt, und das völlig unabhängig von der Herzfrequenz. Das hat auch einen Sinn. Das Herz schlägt niemals gleichmäßig. Es passt sich in seiner Frequenz den Gefühlen und Belastungen an. Das würde bei der Lebensenergie zu einer Katastrophe führen. Da kann es kein Zuviel und kein Zuwenig geben. Die Lebensenergie muss immer eine konstante Größe haben. In Abhängigkeit von der Lebensweise und damit der Bindung an Gott nimmt die Lebensenergie von Jahr zu Jahr stetig ab, bis der Mensch seine Lebensaufgabe erfüllt hat und in das Geistige Reich Gottes geholt wird. Das ist das normale Vergehen im ewigen Kreislauf des Lebens der Seele. Die Lebensenergie geht in andere Körper über, damit immer ein Gleichgewicht vorhanden ist.

Die Lebensenergie ist ein begehrtes Gut, und ihr solltet sie sorgsam beschützen. Die finsteren Mächte und ihre Helfer, Vampire und falsche Helfer Gottes machen förmlich Jagd auf eure Lebensenergie. Ihr macht euer Herz viel zu oft für diese Kräfte auf und wundert euch, wenn ihr euch schwach fühlt. Der Diebstahl an Lebensenergie bedeutet Diebstahl an Lebensjahren. Deshalb hütet euch vor jedem bösen Gedanken, jedem bösen Wort und jeder bösen Tat. Hütet euch auch vor allem Unreinen der Menschen. Ruft Gott und bittet um Schutz. Trennt euch von diesen geistigen Bindungen, die ihr aufgenommen habt. So bleibt ihr rein und schützt eure Lebensenergie. Das kann euch Gott nicht oft genug sagen. Viele meinen, das sei alles Unsinn, weil keiner die Lebensenergie und ihre Räuber sehen kann. Aber schaut euch einmal selbst an, wie geschwächt ihr nach solchen Angriffen aussieht. Diese können euch so viel Lebensenergie absaugen, dass ihr das nicht überlebt.

Oder denkt einmal daran, wenn ihr einem Menschen nicht verzeihen könnt und ständig mit Hass an ihn denkt. Das saugt euch so viel Lebensenergie ab, dass bestimmte Zellgruppen entarten, weil sie nicht ausreichend versorgt sind. Das nennt ihr dann Krebs. Viele Menschen ignorieren diese Zusammenhänge. Obwohl das von vielen ehrlichen Wissenschaftlern schon seit langem erkannt und veröffentlicht wurde, wird es von der bezahlten Wissenschaft abgelehnt.

Die Lebensenergie ist das Verbindende mit allen Zellen eures Körpers. Da die Lebensenergie eine göttliche Energie ist, kann sie aus eurem Körper nicht verschwinden, solange ihr lebt. Für das Menschsein ist sie ebenfalls entscheidend. Das bedeutet, dass sich in der Lebensenergie alle Eigenschaften eines Menschen wieder finden lassen, auch sein Gesundheitszustand. Daran erkennt die Seele, was dem Menschen fehlt und gibt diese Informationen an den Geist und an Gott weiter. Das bedeutet aber auch, dass alle Zellen des Körpers informiert sind, wenn einzelne Bereiche des Körpers nicht richtig funktionieren. Es ist also der ganze Körper entweder gesund oder krank. Gott wird deshalb niemals nur die kranken Zellen heilen, wenn ihr Gott um Heilung bittet, sondern immer den ganzen Körper. Das kennt ihr bereits aus der Heilmeditation Gottes, dass Gott euch mit einem verweilenden Licht auf eure Seele umhüllt, das euch mit allen Zellen eures Körpers verbindet (siehe Bd. 2, S. 214). Gott schickt euch auf eure Körperfrequenz, die eure Belastungen beinhaltet, immer die entsprechende Heilfrequenz mit den korrigierenden Informationen. Diese beeinflussen auch die Lebensenergie, die dadurch in alle Zellen wieder kraftvoll wirken kann.

Das Herz hat noch weitere Aufgaben übertragen bekommen. Es bildet das Zentrum eurer Aura. Das bedeutet, dass sich alle Ausstrahlungen eures Körpers vom Kopf bis zu den Zehen pulsierend im Herz konzentrieren. Die Aura ist euer energetisches Kleid. Je reiner eine Seele ist und je gesünder Körper und Geist sind, desto weiter strahlt die Aura in den Raum. Das aurale Sein eines Menschen bestimmt seine Wirkung auf andere Wesen. Das müsst ihr wissen. Ihr wisst manchmal nicht, warum ihr jemanden sympathisch findet und einen anderen nicht. Das liegt an den Frequenzen der Aura, die harmonisieren oder sich widersprechen. Die Aura ist deshalb auch ein Schutz vor dem ungewollten Eindringen unreiner Energien in die eigene Seele. Über die Aura verbindet sich Gott mit euch. In der Aura wird die lineare göttliche Energie in polare Energie transformiert.

Wie könnt ihr euch das vorstellen?

Gott steht mit euch immer in Verbindung, das ist euch bekannt. Aber Gott reagiert nicht automatisch auf eure Bitten und Wünsche, weil diese eurem freien Willen unterliegen. Wenn ihr Gott nicht bittet und ruft, dass ihr das wirklich wollt, dann hält sich Gott zurück, auch dann, wenn Gott erkennt, dass ihr diese Hilfe braucht. Aber wenn ihr Gott ruft, dann sendet euch Gott *die* Energie, die ihr braucht, in linearer Form in eure Aura. Wenn diese Energie auf eine Strahlung aus eurem Herzen trifft, die eine Unordnung in eurem Körper oder Geist erkennen lässt, dann wird die lineare Energie in die entsprechende polare Energie verwandelt. Dann können die gewünschten Veränderungen geschehen. Alles, was um euch energetisch geschieht, wird in der Aura verarbeitet. Deshalb solltet ihr euch um ein kraftvolles Energiefeld um euch herum bemühen.

Eine weitere Aufgabe des Herzens ist die Öffnung für alles Gute.

Woran erkennt das Herz, was gut ist?

Das ist eine Eigenschaft, die euch Gott ebenfalls geschenkt hat. Wenn ihr auf etwas wirklich Gutes trefft, dann sendet dieses Gute eine Frequenz aus, die auf diese Eigenschaft in eurem Herzen trifft. Dadurch ist gewährleistet, dass sich euer Herz nicht für etwas scheinbar Gutes öffnet, das auf niedere Bedürfnisse ausgerichtet ist, sondern nur für etwas, wo ihr Gott erkennen könnt. Diese Fähigkeit des Herzens ist ein Angriffspunkt der Mächte der Finsternis. Diese versuchen mit Verlockungen, wie Geld und Besitz, falschen Informationen und Vergnügungen, diese Fähigkeit zu ersticken, damit das Herz erkaltet und sich für alles Göttliche verschließt.

Die Öffnung des Herzens vollzieht sich in Form von inniger Freude, die ihr spüren könnt. Es ist ein wunderbares Gefühl der Leichtigkeit und Freiheit, das euch mit seiner ganzen Kraft erfasst. Wer dieses

Gefühl erleben will, der muss sich allein auf Gott konzentrieren und alle anderen geistigen Verbindungen ausblenden. Das ist für viele Menschen nicht erreichbar, weil sie sich nicht mit Gott verbinden können. Aber diejenigen, die sich bewusst mit Gott verbinden, bekommen allmählich diese zeitlose Freude in ihr ganzes Sein. Diese Freude ist es, die diese Menschen von anderen unterscheidet, die ihre Aura strahlen lässt und ihre Lebensenergie stabilisiert. Ihr könnt wirklich alles selbst bewirken, um glücklich zu sein und dieses Glück auch zu fühlen. Euer Herz wird es euch danken, wenn ihr euch in voller Reinheit in diese Verbindung begebt.

Gott wird dabei jeden in diese Freude führen, der sich mit offenem Herzen mit Gott verbindet. Das wollte Gott euch sagen.

Das menschliche Recht und das Recht Gottes

In diesem Kapitel will euch Gott erklären, dass es das Recht Gottes ist, dem ihr unterworfen seid.

Die Menschen brauchen für ihr Zusammenleben Regeln, um zu verhindern, dass sich jeder gegen den anderen verletzend verhalten kann. Diese Regeln vermeiden die Ungerechtigkeit und zwingen alle, bestimmte Dinge nicht zu tun.

In früheren Zeiten, als die Menschheit noch sehr klein war, genügten wenige Grundsätze, um das friedliche Zusammenleben der Menschen zu schützen. In der heutigen Zeit würden diese nicht ausreichen. Deshalb ist das Recht in viele Regeln gegliedert. Das ist für viele Menschen nicht mehr zu überblicken. Die Grundsätze des Zusammenlebens sind aber sehr einfach und lassen sich in dem Satz formulieren: *Liebe deinen Nächsten wie dich selbst!*

Wenn jeder Mensch nach diesem Grundsatz leben würde, gäbe es keine Verbrechen, kein Strafrecht und keine Gefängnisse. Die Menschen sind aber der Gier verfallen und schaden damit ihrem Nächsten, wo sie nur können, vom Mord an dem Einzelnen bis zur Vernichtung ganzer Völker. Die Menschen haben sich damit von den Geboten Gottes als dem einzigen Gesetz, was ewig gilt, entfernt. Die menschlichen Gesetze sind änderbar und vergänglich, aber Gottes Gebote nicht. Jeder sollte sich die Acht Gebote Gottes zum Grundsatz seines Handelns machen, dann wäre das Zusammenleben der Menschen in allen Dingen leicht zu organisieren.

Wir wollen uns die einzelnen Gebote etwas genauer ansehen.

Das 1. Gebot lautet:

Du sollst Gott den Herrscher allen Seins lieben und ehren, auf dass du dein Leben wahrhaft ergeben mit Gott führen kannst.

Das bedeutet, dass Gott in allem ist. Wenn der Mensch sich mit seinem ganzen Sein mit Gott verbindet, dann gibt es kein Unglück für ihn. Gott will, dass keiner an Gott zweifelt, auch wenn der Mensch mit Ereignissen geprüft wird, die ihm angeblich schaden. Kein Kind Gottes wird von Gott vernachlässigt, deshalb sollt ihr Gott ewig lieben und ehren. Gott fordert von den Menschen nichts, auch keine Ergebenheit. Aber wenn der Mensch in seinem Leben erfolgreich sein will, dann sollte er immer um die göttliche Führung bitten. Gott kennt alle Wege und immer das, was für den Einzelnen das Beste ist.

Das 2. Gebot lautet:

Du sollst dein Leben ehren und lieben, auf dass du dein Wirken auf der Erde immer in Einklang bringst mit Gottes Willen.

Das bedeutet, dass der Mensch Gott in allem folgen soll, um ein wahrer Diener Gottes zu werden. Das bedeutet weiter, dass der Mensch sein Leben immer als ein göttliches Geschenk betrachten soll. Der freie Wille ist kein Freibrief, sondern eine verbindliche Zusage, dass das Handeln des Menschen mit der göttlichen Bestimmung in Einklang gebracht werden kann. Die Menschen sollen ihr Leben so gestalten, dass sie die volle Lebenszeitspanne ausschöpfen können. Das Gebot bezieht auch den Schutz jeglichen Lebens mit ein, auch das Leben der Tiere und Pflanzen. Über alles Leben legt Gott seinen Schutz. Das bedeutet, dass es Gott keinem Menschen erlaubt, sich an den Kindern Gottes zu vergreifen. Jedes Wesen hat von Gott einen Lebenswillen erhalten. In diesen Willen darf kein Mensch mit Gewalt eindringen. Nur so kann sich jeder Mensch frei entfalten und ein Leben in gegenseitiger Achtung führen.

Das 3. Gebot lautet:

Du sollst deine Brüder und Schwestern auf der Erde immer lieben, sie schützen und ehren, weder töten noch verspeisen.

Das bedeutet, dass Gott für jeden Menschen eine Lebenszeitspanne festgelegt hat. In diese Lebenszeitspanne darf nur jeder Mensch selbst eingreifen. Einen Eingriff von außen durch andere Menschen erlaubt Gott nicht. Gott will, dass der Mensch alle Wesen als Kinder Gottes anerkennt. Und nicht nur das. Gott will, dass jeder seinen Nächsten liebt, ihn schützt und vor Angriffen der finsteren Mächte bewahrt. Gott will, dass jeder Mensch die Würde des anderen anerkennt und seine Leistungen lobt. Niemals wird es Gott erlauben, dass ihr eure Brüder als Nahrung verspeist. Das Verbot, Menschen aus Gier zu töten, geht über ein Gebot hinaus. Gott hat euch nicht geschaffen, damit ihr euch gegenseitig umbringt. Deshalb ist die Liebe zu Gott eng verbunden mit der Nächstenliebe.

Das 4. Gebot lautet:

Du sollst für deine Kinder sorgen, auf dass du immer ihre Seelen in dem göttlichen Licht aufwachsen lässt.

Das bedeutet, dass ihr euch fleißig im Liebesspiel betätigen sollt, und das bis in ein hohes Alter. Die Kinder, die ihr dadurch zeugt, sollt ihr immer lieben. Bereits vom ersten Augenblick der Befruchtung der weiblichen Zelle erkennt das neue Leben die Gefühle der Mutter. Das solltet ihr wissen. Auch sollt ihr euren Körper nicht vergiften mit falscher Nahrung und vergorenen Getränken, vor allem in der Zeit, wo das Kind keine Möglichkeit hat, diesen Angriffen zu entrinnen. Eure Liebe soll das Kind solange begleiten wie ihr lebt, auch wenn es sich anders entwickelt, als ihr es vorgesehen habt. Eure Verantwortung für eure Kinder sollte sich besonders auf seine geistige Entwicklung erstrecken. Erzieht es zur Nächstenliebe. Lasst es nicht zu, dass es anderen Menschen Schaden zufügt. Das gute Herz mit einer reinen Seele soll das Kind schließlich fest mit Gott verbinden. Zeigt euren Kindern, wie Gott euch führt. Alles das ist eure Aufgabe als Eltern und ein Gebot Gottes.

Das 5. Gebot lautet:

Du sollst deine Eltern immer lieben und ehren, auf dass du deine Liebe vielen Menschen geben kannst, die von dir abhängig sind.

Das bedeutet, dass jeder Mensch immer zu seinen Eltern halten soll. Es gibt im Leben viele Situationen, in denen die Kinder Wege einschlagen, die mit den Wünschen der Eltern nicht übereinstimmen. Das ist kein Grund, sich von den Eltern zu trennen. Die Liebe der Eltern wird die Kinder immer begleiten. Von den Eltern lernen sie zuerst, was es heißt, andere Menschen zu lieben, ihre Werke zu achten und den Nächsten in schwierigen Situationen beizustehen. Diese Werte sind es, die das Menschsein reich macht. Das sollte jedes Kind erleben und für ein ganzes Leben prägen, damit auch alle Liebe an andere Menschen weiter gegeben werden kann.

Das 6. Gebot lautet:

Du sollst deinen Nächsten lieben wie du dich selbst liebst, auf dass jeder Mensch in Achtung und Würde von dir behandelt wird.

Das bedeutet, dass kein Mensch ohne die anderen Menschen leben kann. Zuerst ist jeder Mensch für sich selbst der Allernächste, den es zu lieben gilt. Wer keine Liebe zu sich selbst empfindet, zu seinem Körper, zu seinen Gefühlen und zu seinen Überzeugungen, wer an sich selbst zweifelt und sich für minderwertig hält, der kann auch nach außen keine Liebe ausstrahlen. Gott hat es aber so bestimmt, dass jeder Mensch Teil des großen Liebesverbandes der Menschheit ist und jeder Mensch von der Liebe seines Nächsten konsumieren soll. Was der Einzelne an Liebe gibt, erhält er doppelt zurück. Deshalb soll jedes Handeln eine

Liebeshandlung sein. Das bedeutet aber nicht, dass jedes Handeln seiner Nächsten stillschweigend akzeptiert werden muss, wenn es anderen schadet. Jeder Mensch hat in seiner Liebe auch den Aspekt der Strenge und der Unnachgiebigkeit gegen alle diejenigen zu bewahren, die ihre Liebe noch nicht erkannt haben und nur an ihren eigenen Vorteil denken. Behandle jeden Menschen so, wie du selbst behandelt werden möchtest. Dann erkennst du in dir die Würde, die jeder Mensch von Gott als das innere Wertesystem erhalten hat und das unverletzlich sein soll. Die Würde eines Menschen ist das klare Empfinden seines eigenen Ichs, des eigenen Stolzes und der unverwechselbaren Persönlichkeit.

Das 7. Gebot lautet:

Du sollst ein Bild von Gott in deinem Herzen haben, auf dass du keinen falschen Zeichen huldigst.

Das bedeutet, dass Gott immer bei euch ist. Ihr braucht Gott dafür nicht zu loben, weil Gott kein Lob benötigt für seine Liebe zu den Kindern Gottes. Gott wird auch nicht den bevorzugen, der Gott ständig lobt und preist. Diese Schwärmerei sagt nichts aus über die tatsächliche Bindung an Gott. Gott will, dass ihr euren freien Willen nutzt, um mit guten Taten zu beweisen, wie ihr euer Leben nach den Gesetzen und Geboten Gottes gestaltet. Dazu bedarf es keiner Huldigungen, Opfergaben, aufwändigen Prozessionen und protzigen Kirchenbauten. Wer Gott im Herzen trägt, ist immer mit Gott verbunden, an jedem Ort. Auch eure Gebete haben nur dann einen Sinn, wenn ihr sie mit offenem Herzen vorbringt. Das heißt, dass euch jedes Gebet zu mehr Reinheit in eurer Seele führt. Gott erkennt den Unterschied zwischen einer ehrlichen Bitte und einer Lüge. Jede Hinwendung zu Gott ist verbunden mit dem Willen zu einer guten Tat. Ihr könnt nicht bitten, dass euch Gott führt, wenn ihr euch in den Kriegen gegenseitig umbringen wollt. Gott wird euch niemals führen und schützen, wenn ihr Gottes Kindern Schaden zufügt. Da hilft euch weder ein Gebet noch der Segen eines Bischofs.

Weiterhin duldet es Gott nicht, dass ihr Zeichen verehrt. Ihr habt einen falschen Glauben in euch, wenn ihr meint, dass euch Kreuze oder andere Zeichen beständig mit Gott oder Gottes Sohn verbinden. Das Kreuz ist ein Zeichen des Sterbens und des Todes. Der gekreuzigte Jesus ist kein Zeichen der Liebe Jesu zu den Menschen. Es ist ein Zeichen der finsteren Mächte, die Jesus am Kreuz behalten wollen. Es zeigt vielmehr, welche Gefahr denjenigen droht, die gegen die Mächte der Finsternis auftreten. Dort, wo diese Kreuze aufgestellt sind, sind Gott und Jesus nicht zu finden. Das bedeutet nicht, dass sich Gott von denjenigen trennt, die die Kirchen aufsuchen und Kreuze tragen. Auch sie werden von Gott geliebt. Aber sie sollten die Wahrheit erfahren und überall dort, wo sie Jesus am Kreuz vorfinden, ihn im Gebet vom Kreuz befreien, damit Jesus wieder unter den Menschen wirken kann. Das ist ein wichtiges Gebot, das ihr befolgen solltet.

Das 8. Gebot lautet:

Du sollst immer in Frieden mit dir und den Menschen sein, auf dass du keine Feinde hast und alle Bewohner dieser göttlichen Erde deine Freunde sind.

Das bedeutet, dass ihr immer bemüht sein sollt, mit allen Menschen in Frieden zu leben. Die Menschen der Erde müssen zu einer Friedenspflicht gezwungen werden. Die gegenwärtigen Führer der großen Nationen unternehmen kaum Anstrengungen, um die Gefahr des Ausbruchs von Kriegen zu verringern. Es ist deshalb notwendig, dass die Menschen ihre Vernunft gebrauchen, damit der Frieden nicht gestört werden kann. Alle Menschen sollten wie enge Freunde zusammen leben und die Verbindungen zueinander festigen.

Das wollte euch Gott zu den Geboten sagen.

Aber Gott hat euch auch noch Gesetze gegeben, die euch bereits mitgeteilt und erklärt wurden (siehe Bd. 1, S. 62 ff.). Alle drei wirklichen Worte Gottes – das Gebet Gottes, die Gebote Gottes und die Gesetze Gottes – bilden eine Einheit. Lernt sie, studiert sie und macht sie zur Grundlage eures Handelns.

Das göttliche Recht bestimmt euer Leben.

Frage an Gott: Die Bruno Gröning-Freunde sind davon überzeugt, dass bestimmte Fotos von Bruno Gröning eine heilende Wirkung haben. Ist das gleichzusetzen mit der Anbetung von Zeichen?

Gott antwortet: *„Das ist etwas ganz anderes. Die Fotografien von Bruno Gröning sind von ihm mit Heilenergie angesprochen worden. Wer diese Bilder auf belastete Stellen seines Körpers legt, ist von dieser Heilenergie umgeben. Damit ist aber die Heilenergie noch nicht in die belasteten Zellen eingedrungen. Erst wenn ihr Bruno Gröning bittet, euch zu heilen, dringt diese Energie in die Zellen ein. Verbindet euch vorher immer mit Gott.“*

Das Reich Gottes als eure Heimat

Das ist ein Kapitel, das ihr auch sehr sorgfältig lesen solltet.

Ihr habt bemerkt und mit Aufmerksamkeit verfolgt, dass die Erde bereits in einem anderen Zustand ist als ihr sie noch am Anfang des Jahres (2014 d. A.) erlebt habt. Deshalb ist das, was euch Gott jetzt mitzuteilen hat, für die Gestaltung eures Lebens nach den Katastrophen gedacht. Diese Katastrophen sind keine Strafen Gottes. Sie sind das Ergebnis der wirklichen Vergehen der Menschen an der Schöpfung Gottes, und deshalb musste Gott Maßnahmen ergreifen, damit die Ordnung wieder hergestellt wird. Auch wenn viele glauben werden, dass Gott grausam wäre, weil doch sehr viele Menschen ihr Leben verloren haben, dann solltet ihr bedenken, dass die Opfer, die das Wüten der finsteren Mächte bisher gekostet hat, weitaus höher waren und noch viel höher sein würden, wenn ihr sie weiter gewähren lassen würdet.

Aber jetzt ist alles überstanden und die Menschen werden ihr Leben anders gestalten. Das ist jetzt der Zeitpunkt, wo euch Gott in das tiefere Verständnis der Welt Gottes einführen kann. Deshalb wird Gott jetzt beginnen, euch mit den eigentlichen Zusammenhängen seines Wirkens vertraut zu machen.

Was ist das Reich Gottes anderes als eure Heimat?! Ist es lediglich *ein* Bereich eures Lebens oder euer ewiges Sein? Ist es nur die naive Vorstellung eines Kindes oder eure Wirklichkeit? Ist es eine Traumwelt oder eure Daseinsweise?

Alle diese Fragen beinhalten eines: Bekennt ihr euch mit eurem ganzen Sein zu Gott oder benutzt ihr Gott nur, wenn euer Leben in Schwierigkeiten ist? Das ist keine rhetorische Frage, die an Konferenztischen diskutiert werden sollte, sondern das ist eine Frage des eigenen Bekenntnisses. Gott stellt euch diese Frage ganz privat.

Ihr könnt dieser Frage nicht ausweichen, weil Gott ständig an eurer Seite ist und euch zu einer Antwort zwingt. Überlegt einmal selbst, ist es nicht die Frage, die euch euer Herz schon immer gestellt hat? Und ist es nicht die Antwort, um die ihr euch immer auf scheinbare Ausreden eingelassen habt? Eure Seele fordert euch ständig auf, euch zu bekennen. Euer Körper sehnt sich in die göttliche Ordnung und eure Gefühle zeigen euch den Weg zu Gott in tiefer Liebe. Das müsst ihr erkennen. Ihr habt keine Möglichkeit zum Ausweichen, egal wie lange ihr euch um die Entscheidung herum mogelt. Irgendwann werdet ihr diese Frage beantworten müssen. Gott weiß, dass das die Frage aller Fragen ist.

Warum drängt euch Gott zu dieser Antwort?

Der Mensch ist nicht auf die Erde gekommen, nur um gut zu leben. Das ist nur eine Seite eures Erdenlebens. Die wesentlichere Seite ist die geistige Vervollkommnung. Und hierbei geht es nicht um die Ansammlung von Wissen, sondern um die Ansammlung von bedingungsloser Liebe und die Reinheit eurer Seele. Gott ist geduldig und weiß, dass jede Seele irgendwann über diese Reinheit verfügen wird, aber wenn ihr euch bereits jetzt ganz bewusst mit dieser Frage beschäftigt, dann wird Gott euch auch helfen, eine tatsächliche Gottesnähe zu erleben.

Was ist eigentlich Gottesnähe?

Das ist doch nicht nur eine Haltung und eine bewusste Ablehnung der Mächte der Finsternis und ihrer Helfer, auch nicht nur die Überzeugung, bestimmte Dinge nicht zu tun, die euch selbst und anderen schaden würden.

Gottesnähe ist eine tiefe Verbindung mit allen Wesen auf der Erde. Gottesnähe ist das ständige Tun für das Gute im Menschen. Gottesnähe ist der Dienst für die Liebe.

Tut immer nur Gutes, wo immer ihr seid, dann ist Gott bei euch und ihr bei Gott. Dann habt ihr eure Heimat im Ewigen Reich Gottes gefunden.

Könnt ihr euch vorstellen, eine solche Gottesnähe in eurem jetzigen Leben zu erreichen? Gott weiß, dass das ein hohes Ziel ist. Aber wer soll es denn erreichen, wenn nicht ihr? Da es auf diesem Weg viele Weggefährten gibt, die euch unterstützen, könnt ihr mit großer Zuversicht den Weg weiter gehen, den ihr bereits eingeschlagen habt. Lasst euch nicht ablenken von den zunehmenden Angriffen der finsteren Mächte. Sie können euch wehtun, aber nicht schaden. Ihr seid in allen schwierigen Situationen mit Gott verbunden. Gott schützt euch in eurem Bemühen, vollkommene Gottesnähe zu erlangen. Aus jedem von euch wird so ein verlässlicher Diener Gottes werden. Gott möchte vor allem, dass ihr diesen Gottesdienst in einem gesunden Körper bis zur Ausschöpfung eurer Lebenszeitspanne leisten könnt, wie sie Gott für euch vorgesehen hat. Dann habt ihr alles getan, um demütig euren Platz an der Seite Gottes zu finden.

Das irdische Sein als eine göttliche Absicht

Das irdische Sein ist entstanden aus der Notwendigkeit, der Welt Gottes ein Beispiel zu geben, Leben mit Intelligenz zu verbinden. Das Leben ist auf allen Planeten in seinen Grundformen gleich, aber in seiner konkreten Ausformung sehr unterschiedlich. Deshalb hat Gott das Leben der Wesen auf der Erde mit einer geistigen Kraft versehen, die sie befähigen, völlig selbstständig zu handeln. Gott lässt das zu, um daraus die Verbindungen zu analysieren, die die Menschen nach ihrem freien Willen gestalten. Die Menschen meinen, dass alles, was auf der Erde geschieht, auf das Wirken von zufälligen Kräften beruht. Diese Kräfte hätten zwar eine objektive Beziehung zu den wirkenden Gesetzen, aber keine Beziehung zu einer göttlichen Absicht. Das Wirken Gottes in allem, was ist, wird von der Wissenschaft ignoriert. Dadurch ist der Weg zu den wirklichen Verbindungen blockiert und der Erkenntnis der wirklichen Zusammenhänge unüberwindliche Grenzen gesetzt. Das Wirken Gottes hat aber auf alle Verbindungen den entscheidenden Einfluss.

Das will euch Gott an einigen Beispielen verdeutlichen.

Auf der Erde leben viele Milliarden Menschen. Sie haben alle ein Geschlecht. Die einen sind weiblich, die anderen männlich. Vielleicht habt ihr euch schon einmal die Frage gestellt, warum es immer nahezu die Hälfte weiblicher und die Hälfte männlicher geborener Kinder gibt? Dieses **Gleichgewicht zur Erhaltung der Wesen** ist ein von Gott bestimmtes Prinzip. Kein Mensch kann von sich aus dieses Gleichgewicht bewirken. Aber ihr könnt von euch aus in dieses Gleichgewicht eingreifen, indem ihr durch Kriege oder durch Abtreibung die Parität stört. Das Prinzip aber könnt ihr nicht gefährden. Das ist auch gut so. Denn wenn Gott euch die Verfügung über dieses Prinzip geben würde, hättet ihr euch schon längst ausgerottet. Die einen entsagen der sexuellen Beziehungen, weil sie meinen, sie würden dadurch unrein gegenüber Gott, und andere wiederum wollen nur männliche Nachkommen und unterdrücken die Frauen. Alles das hat Gott so nicht bestimmt. Aber Gott erkennt daraus, wie die Menschen mit Gottes Bestimmung umgehen. Daraus kann Gott die Vervollkommnung des göttlichen Prinzips ableiten. Die Menschen werden diese Schlussfolgerungen nicht ziehen können, weil sie Träger der Einzelerscheinung sind. Deshalb wird Gott korrigierend eingreifen, um die Liebe der Menschen zu allen Geschöpfen Gottes zu vervollkommnen. Die Menschen haben die Liebe von Gott geschenkt bekommen. Aber sie haben in vielen Beziehungen diese Liebe unterdrückt und sie den Kräften der Finsternis geopfert in der Meinung, ohne diese Liebe besser leben zu können. Das wirkt sich dann auch auf die Liebe zu den Kindern und ihre Entwicklung aus. Über die Menschen wird Gott deshalb ein helles Licht der Liebe ausbreiten, das die Kräfte der Finsternis in ihrem Wirken begrenzen wird, damit die Menschen erkennen, wie wertvoll die Liebe in allen Beziehungen ist. Auf der Erde werden bald diejenigen in ihre Schranken verwiesen, die Gottes Geschenk der Liebe ignorieren und mit Gier und Macht die Erde zerstören wollen. Darauf dürft ihr euch vorbereiten. Auf der Erde gibt es bereits sehr viele Menschen, die für diese Neue Zeit vorbereitet wurden. Deshalb überwindet ihr alle schwierigen Ereignisse, die geschehen müssen, mit heiligem Schutz, wenn ihr Gott folgt. Deshalb solltet ihr keine Angst aufnehmen und euch mit Freude auf diese neue Zeit vorbereiten.

Was solltet ihr tun?

Vor allem sollt ihr euch von allem trennen, was ihr nicht zum Leben braucht. Das ist viel verlangt. Aber Gott hat euch gesagt, dass Gott euch euer Brot täglich gibt und keinen vergisst.

Dann sollt ihr euch mit allen vernünftigen Menschen vereinigen und alle Menschen an euch binden, die diese Neue Zeit in ihrem Inneren herbei sehnen.

Dann sollt ihr euch den Geboten Gottes zuwenden und alle Menschen lieben lernen. Daran mangelt es euch in eurer jetzigen Zeit ganz besonders.

Ein weiteres Beispiel für Gottes Wirken erkennt ihr an euren hauptsächlichen Lebensgewohnheiten. Euer Leben ist geprägt von den **karmischen Bindungen** aus euren früheren Leben. Daraus entstehen für das aktuelle Leben Verpflichtungen, die ihr nicht erkennen könnt, weil diese in eurem Unterbewusstsein gespeichert sind, aber in eurem Tagesbewusstsein nicht zur Verfügung stehen. Sie lenken aber euer Handeln in ganz bestimmten Situationen. Über dieses Handeln könnt ihr nicht frei verfügen, weil es euch zwingt, eine Schuld abzuarbeiten, die ihr in einem früheren Leben verursacht, aber nicht getilgt habt.

Was sind das für Verpflichtungen, die ihr abarbeiten müsst?

Die Menschen müssen sich durch den Gebrauch ihres freien Willens ständig zwischen dem Guten und dem Bösen entscheiden. Dabei gelingt es nicht immer, sich für das Gute zu entscheiden. Sehr oft entscheiden sich die Menschen wirklich für das Böse und schaden dadurch anderen Menschen. Die Seele registriert das genau und versucht, den Geist zur Wiedergutmachung zu bewegen. Das erfolgt über das Gewissen, eine entscheidende Funktion eurer Gefühlswelt. Die Skala der Schuld ist breit gefächert und reicht von einem schlechten Gedanken bis zur Vernichtung von Leben. Ihr könnt ermessen, wie oft ihr in die Gefahr kommt, Schuld auf euch zu laden. Aber Gott gibt euch zu jeder Zeit die Gelegenheit, euch in eurem aktuellen Leben von dieser Schuld zu reinigen, indem ihr um Verzeihung bittet und mit dem Geschädigten Frieden schließt. Auch der Geschädigte muss euch vergeben, ansonsten ist die Schuld nicht getilgt. Wenn der Geschädigte nicht mehr am Leben ist und ihr jetzt eure Schuld ihm gegenüber erst erkannt habt, dann ruft Gott und bittet Gott um Vergebung und bittet die heimgegangene Seele, dass euch verziehen wird. Auch so könnt ihr euch in eurem Leben von euren Verfehlungen befreien. Gott hilft euch dabei und möchte, dass ihr mit einer reinen Seele diese Erde verlasst.

Gelingt euch das aber nicht in diesem Leben, dann nehmt ihr diese Schuld mit in das jenseitige Sein von Gottes geistiger Welt. Im Jenseits wird die Seele von dem Schmutz gereinigt, aber nicht von der Wiedergutmachungspflicht in einem neuen Leben. Solange die Menschen mit einer Schuld die Erde verlassen, so oft müssen sie wieder auf die Erde kommen, um diese Schuld abzuarbeiten. Die Art und Weise, wie diese Schuld abzuarbeiten ist, bestimmt Gott allein. Die Menschen können das nicht beeinflussen.

Gott will euch auch das an einigen Beispielen erläutern.

Da ist ein Mensch, der in seinem Leben Menschen verprügelt hat, ohne dass ihn sein Gewissen plagte. Er hat bei diesen Menschen nicht um Vergebung gebeten und sich auch nicht mit diesen ausgesöhnt. Diese Schuld muss er jetzt abarbeiten. Das geschieht aber jetzt nicht in der Form, dass er von anderen verprügelt wird. Gott zwingt ihn jetzt, an seinem Körper die Schmerzen zu ertragen, die seine Opfer durch seine Schläge durchleiden mussten. Das geschieht durch Krankheiten, die genau in dem Alter ausbrechen, als er begann, andere Menschen zu verprügeln.

Da ist ein Mensch, der sich mit reiner Freude an dem bitteren Elend anderer Menschen ergötzte. Er konnte zusehen, wie Kinder an Hunger starben und die Eltern ihn anflehten, von seinem Geld etwas abzugeben. Aber er hatte ein kaltes Herz. Diese schwere Schuld löst eine Reihe von schweren Prüfungen in seinem neuen Leben aus. Auch hier wird Gott nicht Gleiches mit Gleichem vergelten. Gott wird ihn spüren lassen, wie es ist, wenn jemand Hilfe benötigt und diese nicht bekommt. Und das solange, bis er begreift, dass er von dem Wenigen, was er besitzt, den wirklich Bedürftigen abgeben muss und auch abgibt. Gelingt ihm das nicht, dann wird er in einem weiteren

Leben noch stärker geprüft. Gott lässt es nicht zu, dass unreine Seelen die Erde bevölkern.

Da ist ein Mensch, der keinen anderen Menschen den kleinsten Vorteil gönnte. Immer wollte er an erster Stelle stehen. Das führte zu viel Ungerechtigkeit. Dieser Egoismus bewirkt ebenfalls eine karmische Schuld, da auch hier Kinder Gottes mit Erniedrigungen auskommen mussten. Die Aufgabe, die dieser Mensch von Gott erhält, kann darin bestehen, dass er am eigenen Körper die erniedrigenden Gefühle durchleiden muss, die sein Verhalten bei den geschädigten Menschen ausgelöst hat. So oft er sich auch bewirbt, um an die Spitze zu kommen, er wird immer abgelehnt werden.

Und noch ein letztes Beispiel. Da ist ein Mensch, der sich an anderen Wesen vergangen hat, indem er sie getötet und gegessen hat. Das ist eine schwere Schuld. Von dieser Schuld ist die Mehrheit der Menschen betroffen, deshalb wird die Menschheit erst rein werden können, wenn sie beginnt, nach den Geboten Gottes zu leben. Deshalb wird Gott jeden Menschen, der sich nicht von dieser Schuld in seinem aktuellen Leben durch eine Umstellung auf lebendige Nahrung befreit, an den vielen Folgen dieses Vergehens an den Kindern Gottes leiden lassen müssen.

Ihr könnt nun erkennen, dass Gott es ist, der euch zwingt, den Weg zur Reinheit zu finden. Das ist keine Strafe, aber Gott kann euch nicht eure Vergehen ungesühnt vergeben. Aber derjenige, der erkannt hat, dass Gott es ist, zu dem er sich bewegen muss und der das auch durch die Änderung seines Verhaltens beweist, den wird Gott aus seiner karmischen Bindung befreien und auch die Schwere der Aufgaben mildern. Eine völlige Befreiung von den Prüfungen erlaubt Gott nicht.

Es gibt bei euch Menschen, die meinen, euch von euren karmischen Bindungen reinigen zu können. Das erlaubt Gott ebenfalls nicht. Vertraut nicht diesen Dämonen und Scharlatanen. Sie wollen nur euer Geld.

Die Abarbeitung der karmischen Aufgabe kann nur auf der Erde geschehen. Eine Inkarnation von Wesen, die auf der Erde geboren wurden, auf anderen Planeten, ist nicht möglich. Jedes Wesen wird in die gleichen Lebensbedingungen hinein geboren, die es verlassen hat.

Der Zeitpunkt der Inkarnation ist abhängig vom Entstehen der besten Bedingungen für die Abarbeitung der karmischen Schuld auf der Erde. Das bedeutet, dass der einzelne Mensch in solche Bedingungen hinein geboren wird, die die Abarbeitung der Schuld anderer Menschen begünstigt.

Da ist zum Beispiel ein behindertes Kind. Dieses Kind ist deshalb behindert, weil es in einem früheren Leben Menschen zu Krüppeln geschlagen hat. Es muss jetzt deren Situation solange durchleiden, bis es den Weg zu Gott gefunden hat. Dann wird Gott ihm Menschen an seine Seite stellen, die ihm helfen, die Einschränkungen durch seine Behinderung auszugleichen, so dass es ihm trotz seiner Behinderungen möglich ist, ein zufriedenes Leben zu führen. Die Menschen, die Gott ihm an seine Seite stellt, hat Gott deshalb mit diesem behinderten Kind verbunden, weil sie sich in einem früheren Leben sehr lieblos gegenüber behinderten Menschen verhalten haben. Diese sollen Liebe und Nächstenliebe gegenüber allen Geschöpfen Gottes erlernen.

Auch sollt ihr jetzt erfahren, warum Gott diese Form der Seelenreinigung für euch bestimmt hat.

Die menschliche Seele ist ein Geschenk Gottes. Sie ist euer ewiges Sein. Jeder Mensch erhält für die Zeit seiner vielen Inkarnationen nur eine Seele, die er mit bedingungsloser Liebe zu füllen hat. Sehr viele Menschen erreichen dieses von Gott bestimmte Ziel nie, weil sie immer wieder die Gebote Gottes verletzen und sich auch immer wieder verunreinigen. Die Seele leidet unter dieser wiederholten

Erfahrung, die diese Menschen in jedem Leben neu machen müssen, weil sie immer wieder in die alten Gewohnheiten verstrickt werden. Deshalb ist die Reinigung der Seele nicht nur eine Aufgabe für einen einzelnen Menschen, sondern für alle Menschen. Die Menschen werden in Verhaltensmuster hinein geboren, die an sich schon Gottes Gebote verletzen. Auch wenn die Seele rein war, kann sie diesen Schmutz von sich aus nicht abwehren. Deshalb ist es wichtig, dass immer mehr Menschen in ihrem aktuellen Leben zu Gott finden und erkennen, wie sie diesen erworbenen Schmutz beseitigen können. Gott hilft jedem Menschen, seine Seele in dem geschenkten Leben auf der Erde zu reinigen. Niemals wird es Gott erlauben, dass Seelen ohne Reinigung in das Geistige Reich Gottes kommen.

Ein weiteres Beispiel, wie Gott euer Leben beeinflusst, ist **das Wirken von Helfern Gottes auf der Erde**. Das ist etwas, was kein Mensch sehen kann. Aber viele Ereignisse werden davon beeinflusst.

Auch das will euch Gott an einigen Beispielen zeigen.

Die Helfer Gottes mit ihren speziellen Aufgaben werden von Gott überall dort eingesetzt, wo die Ordnung des Ganzen gefährdet ist. Das ist der Normalfall. Die Menschen versuchen täglich, aus der Ordnung zu fallen. Dadurch besteht die Gefahr, dass das Gleichgewicht in den Bindungen wirklich gestört und das System verändert wird. Das hätte dann nicht nur Auswirkungen auf die Erde, sondern auf das gesamte Universum. Das müssen die Helfer Gottes verhindern.

Wie geschieht das?

Da ist zum Beispiel eine starke Turbulenz in der Galaxie, in der sich die Erde befindet. Diese Turbulenz könnte dazu führen, dass es auf der Erde zu starken Verwirbelungen im Magnetfeld kommt, was wiederum Auswirkungen auf das gesamte Schutzsystem der Erde hätte. Die Helfer Gottes verändern nun die Polung dieser Turbulenzen und führen diese von dem Sonnensystem der Erde weg. Das geschieht sehr oft. Da ihr auf der Erde eine gestreckte Zeit habt, könnt ihr die Geschwindigkeit nicht ermessen, mit der diese Prozesse ablaufen. Die Helfer Gottes sind mit starken Frequenzen ausgestattet, die die Kraft besitzen, Verwirbelungen zu isolieren und sogar aufzulösen.

Ein weiteres Beispiel will Gott anführen.

Da ist in der Erde eine auffallende Veränderung der Zusammensetzung der Atmosphäre zu erkennen. Diese resultiert aus der Zunahme des Kohlendioxids durch die Verbrennung fossiler Stoffe. Diese von Menschen verursachte Verschmutzung kann dazu führen, dass der Sauerstoff in der Atmosphäre nicht mehr im richtigen Verhältnis vorhanden ist. Das führt zu einem geringeren Wachstum der Pflanzen und damit zu einer Verschlechterung der Ernährung für Tiere und Menschen. Wenn sich das fortsetzt, dann hat das auch Auswirkungen auf die Tausenden von Arten an Pflanzen und Tieren. Deren Organismus ist viel sensibler als der der Menschen. Schon geringe Abweichungen können zum Aussterben dieser Schöpfungen Gottes führen. Dadurch ist aber auch die Nahrungskette gefährdet und davon sind noch andere Arten betroffen. Das kann Gott nicht zulassen. Gott wird in einer besonderen Form eingreifen, die diejenigen zu spüren bekommen, die sich dem Gebot der Reinhaltung der Atmosphäre widersetzen. Kaum eine Regierung unternimmt wirksame Schritte, um dieser Verschmutzung Einhalt zu gebieten. Auch die großen Unternehmen finden immer wieder neue Tricks, um sich den Forderungen der vernünftigen Menschen zu entziehen. Das ist eine Aufgabe für alle Menschen, um für die Erhaltung des Lebens aller Wesen der Erde zu ringen.

Ein weiteres Beispiel will Gott anführen.

Die Erde ist für alle Menschen ein Ort der Liebe. Das hat Gott so eingerichtet. Ihr könnt Liebe nicht definieren. Dafür fehlen euch die Begriffe. Es ist ein Gefühl, das ihr nicht beschreiben könnt. Das ist auch gut so. Liebe kann nicht eingegrenzt werden auf Begriffe, wie Liebe auszusehen hat, weil sie dann nicht wirken kann.

Wenn ihr wissen wollt, was Liebe ist, dann fragt immer euer Herz. Ist euer Herz voller guter Gefühle, dann liebt ihr.

Verschließt sich aber euer Herz, dann liebt ihr nicht. So einfach ist das. Gott hat das so einfach aufgebaut, weil jedes Wesen Liebe spüren und Liebe geben kann. Die Liebe ist die eigentliche Triebkraft allen Seins. Ihr solltet deshalb viel mehr auf euer Herz hören und weniger auf euren Verstand. Euer Herz ist der richtige Ratgeber für alle Entscheidungen, weil es sich nie irrt. Geht ihr aber vom Verstand aus, dann kommen andere Triebkräfte in den Vordergrund wie Gier und Hass, also alle Kräfte der Finsternis. Das hat Gott auch so eingerichtet, damit ihr den Wert der Liebe erkennt. Bei allen Menschen mit einem freien Willen verbinden sich beide Triebkräfte in den Handlungen, so dass es wirklich schwierig ist zu erkennen, was der eigentliche Beweggrund des Handelns ist. Wer sich dabei unschlüssig ist, der verbinde sich mit Gott. Gott ist die allumfassende Liebe, und Gott kennt keine weitere Triebkraft an als die göttliche Liebe. Das solltet ihr verstehen.

Ein weiteres Beispiel will euch Gott aufzeigen, damit ihr erkennt, dass Gott es ist, der euer Leben lenkt.

In eurem Leben geschehen oft Dinge, die ihr euch nicht erklären könnt. Dann forscht ihr nach den Ursachen. Aber ihr findet sie nicht und glaubt, das wäre alles Zufall oder Schicksal. So etwas gibt es nicht, weil alles aus einer Ursache heraus geschieht. Der Zufall ist lediglich die Verbindung von mehreren Ereignissen gleichzeitig, die sich auf eine Person konzentrieren und nicht vorhersehbar sind, aber wiederum nicht zufällig sind im Sinne der göttlichen Führung.

Die Bestimmtheit aller Ereignisse wird von Gott so gelenkt, dass sich der Mensch wirklich zum Guten entwickeln kann. Wenn sich der

Mensch aber durch die Verbindung mit den Kräften der Finsternis aus dieser Bestimmung entfernt, dann entsteht eine andere Kausalkette, die von dieser von Gott gewählten Bestimmung wegführt. Das bedeutet aber nicht, dass die göttliche Bestimmung dadurch gelöscht wird. Der Mensch ist nur dadurch gezwungen, den von Gott bestimmten Weg später oder in einem neuen Leben zu gehen. Dadurch dass sich jetzt Bestimmung und eigenes Verhalten aus der Bindung an die finsteren Kräfte kreuzen, entstehen Ereignisse, die nicht verstanden werden können und zu eigenartigen Reaktionen führen.

Da ist zum Beispiel ein Mensch, der von Gott dafür ausgewählt wurde kaufmännische Tätigkeiten zu erlernen und ein großes Geschäft zu betreiben. Er erlernt aber einen anderen Beruf, weil seine Eltern es so wollten, damit er den Reichtum der Familie zusammen hält und weiter mehrt. In seinem Leben geschehen jetzt komische Dinge. Immer wenn er mit Geld in Verbindung kommt, beginnt er, mit mutigen Geschäften zu spekulieren und das Geld seiner Eltern zu verschleudern. Das will er eigentlich nicht. Erst als er begann, sein eigenes Unternehmen aufzubauen, wurde er erfolgreich, weil er nicht nur für sich arbeitete, sondern zum Wohle vieler anderer Menschen.

Und noch ein anderes Beispiel will euch Gott aufzeigen.

Eine Frau erhält von Gott die Bestimmung, Aufgaben im Dienste der kranken Menschen zu leisten. Das ist für sie eine wichtige Aufgabe, vor allem deshalb, weil sie in ihrem früheren Leben Menschen gequält hatte. Sie soll durch die Sorge für die leidenden Menschen lernen, wie es ist, wahre Liebe geben zu müssen. Die Umstände ihres Lebens im Familienverband zwingen sie aber, eine völlig andere berufliche Richtung einzuschlagen. Sie wird Pilotin. Die Flüge über Länder und Kontinente bringen ihr aber auf Dauer keine Befriedigung. Erst als bei einem Notfall Menschen medizinisch geholfen werden musste und sie Leben gerettet hat, begann sie, ihrer von Gott gegebenen Bestimmung zu folgen. Sie wurde Ärztin.

Diese Beispiele zeigen euch, dass Gott es ist, der euer Leben aus ganz bestimmten Gründen lenkt.

Jetzt will euch Gott zeigen, wie ihr selbst auf die göttliche Bestimmung kommen könnt.

Das Bewusstsein, von Gott gebraucht zu werden, ist bei den wenigsten Menschen ausgeprägt. Da die Menschen meinen, alles selbst bestimmen zu können und keine Bindung an Gott zu benötigen, können sie auch ihre Bestimmung nicht erkennen. Viele meinen zwar, wenn sie in ihrem erlernten Beruf erfolgreich sind und alles mit Freude tun, dass sie dazu berufen seien. Das mag in einigen Fällen zutreffen, aber die Regel ist es nicht. Die göttliche Bestimmung werdet ihr erkennen, wenn ihr euch mit Gott verbindet. Dann wird euch Gott führen wie eine Mutter ihr Kind. Das muss bereits sehr früh beginnen oder in der frühen Jugend, bevor andere Einflüsse zu wirken beginnen, besonders die Wünsche der Eltern oder die Ratschläge der Lehrer oder Freunde. Gott wird dann Bewährungssituationen geben, die das Kind mit Freude bewältigt. Oder Gott sendet einen Helfer in Menschengestalt, der in dem Kind die Freude für eine bestimmte Tätigkeit weckt. Viele finden so zu ihrer Bestimmung.

Es gibt auch Fälle, wo Gott den Menschen eine bestimmte Aufgabe zuordnet, für die es keine Ausbildung gibt, zum Beispiel Menschen zu Gott zu führen. Die Ausbildung zu einem kirchlichen Amt kann es sein, ist es aber oft nicht, weil das Herz dafür nicht vorhanden ist. Gott führt diese Menschen über viele Stationen, ohne dass sie den Grund für diese häufigen Wechsel erkennen. Aber bei jeder neuen Tätigkeit lernen sie Menschen zu führen und sich tiefer mit Gott zu verbinden, bis sie schließlich Gottes Absicht erkennen und nach ihrer Bestimmung leben.

Das kann Gott für jeden Menschen bestimmen, weil jeder Mensch Teil eines Ganzen ist und jeder Mensch seine Aufgabe bekommt, weil die Erfüllung dieser Aufgabe wiederum anderen Menschen hilft, ihre Aufgabe zu erfüllen. So greift eins ins andere und ergibt schließlich eine Verantwortung des Einzelnen für alle und umgekehrt.

Das ist für euch nicht erkennbar, weil ihr dafür nicht die Verbindungen zur geistigen Welt habt und auch nicht braucht. Deshalb erklärt euch Gott diese Zusammenhänge, damit ihr erkennt, dass Gott es ist, der alles nach seinem Willen lenkt. Das befreit euch nicht aus eurer Verantwortung zu handeln. Gott lässt euch einen großen Spielraum, euch in eurer Erdenwelt zu bewähren und zu Gott zu finden.

Alle Menschen werden diesen Weg gehen, und alle Menschen werden auch zu Gott finden. Manche benötigen dafür ein Erdenleben, die meisten aber sehr viele.

Du hast bereits wichtige Informationen erhalten. Aber du hast noch nicht alles bekommen. Gott will dir jetzt weitere Informationen geben.

Eine Neue Zeit wird kommen.

In den nächsten Jahren werden auf die Menschen weitere Prüfungen zukommen. Das wird die Menschheit insgesamt reinigen. In dem nächsten Zeitraum ist vorerst ein laufender Kampf mit den Mächten der Finsternis zu führen. Das werden für die Menschen schwere Zeiten sein. Ohne diese Auseinandersetzungen wird es keine Veränderungen geben. Vor allem in den Zentren der Macht werden die Menschen auf die Straßen gehen und ihre Forderungen immer lauter verkünden. Die Herrschenden werden mit brutaler Gewalt dagegen vorgehen, weil sie erkennen, dass sich die Menschen nicht mehr belügen lassen. Es wird auch in Deutschland zu schweren Auseinandersetzungen kommen, die auch Opfer fordern werden. Aber dadurch werden die Proteste noch gewaltiger anschwellen und die Herrschenden zwingen, auf Übergangslösungen einzugehen, wie zum Beispiel in der Bildung und im Gesundheitswesen, aber auch in der Ausgabenpolitik für die Verteidigung. Das werden aber keine wirklichen Veränderungen sein. Deshalb werden die Proteste weiter zunehmen, bis eine neue Regierung entsteht, die die Interessen der Menschen vertritt. Die Mächte der Finsternis werden gegen diese gewaltlose Macht keine Gegenmittel haben und auf wichtigen Positionen an Einfluss verlieren.

Ihr werdet das noch erleben und auch Teil dieser Bewegung sein. Gott wird dir immer die notwendigen Informationen geben, damit du die Menschen aufklären kannst. Das wird nicht ungefährlich sein, aber Gott wird dich schützen.

Als Nächstes sollst du, Peter, die Menschen darüber informieren, dass eine Neue Zeit kommen wird. Viele glauben, dass alles so friedlich bleibt und alles so weiter geht. Aber das ist ein Trugschluss. Es wird bereits in der nächsten Zeit zu durchgreifenden Ereignissen kommen, die die Menschen wach rütteln werden. Darauf müsst ihr euch vorbereiten. Das wird der Beginn einer langen Zeit von wirklich tiefen Mutationen werden. Gott hat euch aufgerufen, endlich umzukehren, damit die Erde erhalten bleibt, wie sie euch Gott geschenkt hat. Diese sichtbare Wende wird jetzt beginnen. Diese Wende ist für jeden Menschen als ein Fühlen von Unruhe in der Atmosphäre spürbar. Die Schwingung der Erde wird sich in einer mehrstufigen Überführung der kurzen Wellen in lange Wellen erhöhen. Das bewirkt, dass euer Bewusstsein zur Ruhe kommt und weniger Gedanken der Aggression erzeugt werden. Dadurch wird das Leben auf der Erde friedlicher. Doch die Mächte der Finsternis werden versuchen, diesen Prozess aufzuhalten, indem sie auf einigen Gebieten Konflikte erzeugen, wo sie noch Macht haben. Das werden die Finanzen sein. Doch auch hier werden sie eine wirkliche Niederlage erleben. Alle die Menschen, die über keine großen Vermögen verfügen (Nachfrage: bis 400.000,00€), werden davon nicht betroffen sein. Die großen Vermögen werden in kurzer Zeit an Wert verlieren, weil sie bereits jetzt wertloses Geld sind. In der Wirtschaft wird ein Umdenken erfolgen. Es werden immer mehr Betriebe dazu übergehen, Waren zu produzieren, die wirklich den Menschen dazu dienen, ihr Leben angenehmer zu gestalten. In der Politik werden solche Beschlüsse gefasst werden, die den Menschen das Leben sicherer machen. In den Medien wird die Vernunft sichtbar werden, die sich allgemein bei den Menschen durchsetzt. In der Verpflegung gehen immer mehr Menschen den Weg von der tierischen zur ausschließlich vegetarischen Ernährung über. Das sind grundlegende Veränderungen für eine Neue Zeit im Denken und Handeln der Menschen.

Die Bereitschaft der Menschen zum Widerstand gegen das Vorgehen der finsteren Mächte ist bei der Mehrheit der Bevölkerung wirklich vorhanden. Es wird zu Auseinandersetzungen kommen, die auch viele Opfer kosten werden. Damit müsst ihr rechnen. Aber Gott wird euch führen und schützen. Das wirkliche Ausmaß der Veränderungen werdet ihr erst erkennen, wenn sich die Situation bereinigt hat. Dann könnt ihr euer Leben so gestalten, wie auch Gott es für euch bestimmt hat. Die Menschen der jetzigen Generation werden diese Neue Zeit erleben. Das kannst du den Menschen mitteilen.

Frage an Gott: Der neue Mensch möchte gesund und glücklich leben. Warum muss er für die Verfehlungen seines seelischen Vorgängers leiden?

Gott antwortet: *„Das ist keine Strafe, sondern eine Chance, rein zu werden. Gott hilft jeden Menschen, diese Reinheit zu erlangen. Das ist ein Liebesbeweis."*

Frage an Gott: Heute wird in Deutschland jedes dritte Kind abgetrieben. Müsste Gott hier nicht eingreifen?

Gott: *„Das kann Gott nicht, weil es die Entscheidung der Eltern ist."*

Frage an Gott: Die Botschaften Gottes sind sehr sachlich und klar, aber dennoch sehr nüchtern, ernst und fast ohne Gefühl.

Gott: *„Das ist eine wahre Empfindung. Gott hat keine Gefühle. Wenn Gott Gefühle hätte, dann müsste Gott Entscheidungen für oder gegen etwas treffen. Das kann Gott nicht. Nur Wesen haben Gefühle bekommen."*

Frage an Gott: Aber wie kann Gott Menschen lieben, wenn Gott keine Gefühle hat. Die Liebe ist doch mit den tiefsten Gefühlen verbunden?

Gott: *„Das hat Gott den Menschen so geschenkt. Die Liebe Gottes ist umfassender als ein ewiges Verbundensein mit allem, was existiert."*

Gottes Antwort auf die Fragen der
Menschen zu den karmischen Bindungen

Die für die Menschen am schwierigsten zu verstehende Situation ist die unumstößliche Tatsache, dass jeder Mensch, der auf der Erde wiedergeboren wird, eine ganz bestimmte Aufgabe zu lösen hat, die aus seinem früheren Leben resultiert. Diese Aufgabe ist nicht identisch mit der göttlichen Bestimmung, die er zu erfüllen hat. Das ist erst einmal grundsätzlich zu verstehen. Die karmische Aufgabe ist kurz gesagt das Schicksal eines Menschen, dem er nicht entfliehen kann.

Aber was ist eigentlich das Schicksal eines Menschen?

Ist es das zufällige Zusammentreffen von zwei Ereignissen, wovon eines nicht geplant war? Oder ist es das individuelle Versagen vor den Anforderungen des Lebens? Oder ist es vielleicht sogar das Wirken einer unerkannten geistigen Macht, die im Hintergrund wirkt und alles bestimmt? Viele Menschen sehen das so und geben sich lieber in ihr Schicksal drein als zu versuchen, diese Zusammenhänge zu erkennen. Gott gibt euch dazu täglich die Gelegenheit. Aber erst müsst ihr begreifen, dass ihr selbst peinlich genau die Verursacher eures Schicksals seid. Nichts aber auch gar nichts wird von außen dazu gegeben. Das ist auch gar nicht möglich, weil auch keiner ein Interesse daran hat, euch in einer solchen Weise zu beeinflussen, dass ihr etwas gegen euren freien Willen entscheiden müsst. Es sei denn, dass ihr euch euren freien Willen von den Mächten der Finsternis wegnehmen lasst. Nur ihr selbst bestimmt euer Schicksal. Das ist das Gesetz von Ursache und Wirkung, das hier zum Tragen kommt. Oder anders ausgedrückt: alles, was du tust, verursacht Veränderungen in dir und um dich herum. Das ist ganz sicher für jeden verständlich.

Und nun kommt das Karma ins Spiel.

Alles, was du tust, kann nützen oder schaden, kann dich näher zu Gott bringen oder dich von Gott entfernen, kann dich zu einem langen Leben führen oder dein Leben verkürzen. Alles das bestimmst du selbst und kein anderer. Gott möchte natürlich, dass du dich in allem, was du tust, immer näher zu Gott bewegst und dadurch rein bleibst. Aber schaut euch einmal euer tägliches Tun von dieser Seite aus an. Könnt ihr da von euch aus mit gutem Gewissen behaupten, dass ihr euch dadurch Gott nähert? Wie leicht fällt es euch doch, euch täglich gegen Gott zu entscheiden, weil ihr meint, dass diese kleinen Verfehlungen nicht schaden und Gott doch alles verzeiht. Das ist ein großer Irrtum. Gott kann das gar nicht verzeihen, weil Gott das nicht beeinflusst, was der Mensch aus freiem Willen tut. Ihr entscheidet, und das wird euer Schicksal.

Die Menschen haben also einen großen Anteil an dem, was das Karma bildet. Deshalb will euch Gott jetzt erklären, wodurch das Karma entsteht.

Auf alles, was die Menschen tun, erfolgt eine Reaktion. Das bewirkt, dass der Mensch wieder reagiert. Und so ergibt sich eine so genannte Kettenreaktion, die ein ganzes Bündel von Handlungen umfasst. Aus diesen entwickelt sich eine Serie weiterer gleicher Handlungen, die nun weniger Kraft und Zeit beanspruchen als die vorhergehenden Handlungen. Daraus entwickeln sich Gewohnheiten, die bald automatisch ablaufen. Alles, was die Menschen tun, vollzieht sich über Gewohnheiten. Überlegt einmal selbst, wie ihr euch die Haare kämmt oder wie ihr euch Termine aufschreibt, oder welche Schlafgewohnheiten ihr habt. Alles vollzieht sich nach einstudierten Handlungen wie bei einem Ritual. Das merkt ihr schon gar nicht mehr. Deshalb bewegt sich jeder Mensch wie in einem Film aus eingeprägten Handlungen durchs Leben. Das muss so sein, weil dadurch sein Geist für schöpferische Tätigkeiten frei wird.

Diese schöpferischen Tätigkeiten sind es, die wir jetzt untersuchen müssen, denn sie bilden die Handlungen, die das Karma verursachen.

Warum ist das so?

Die Gewohnheiten sind selten mit Handlungen verbunden, die anderen Menschen schaden können. Gewohnheiten sind dauerhafte tiefe Verbindungen, die im Geist ablaufen und im Unterbewusstsein verankert sind. Diese sind auf den einzelnen Menschen bezogen und können nur ihm selbst schaden. Dadurch werden keine anderen Menschen wirklich geschädigt. Wenn ein Mensch zum Beispiel dem Alkohol verfallen ist, dann schadet das vor allem seiner Gesundheit. Durch die Zerstörung des eigenen Körpers entsteht kein Karma, auch nicht, wenn er dadurch sterben wird. Karma entsteht erst in den Beziehungen zu anderen Menschen und den Geschöpfen Gottes, den Tieren und Pflanzen. Zur Entstehung von Karma gehört der Vorsatz einer Handlung und nicht das fahrlässige Verhalten. Das ist erst einmal wichtig, dass ihr das versteht, denn wenn jedes nichtgewollte Fehlverhalten Karma erzeugen würde, dann hätte jeder unverschuldete Unfall Auswirkungen auf das weitere Leben und würde die Seele verunreinigen. Daraus kann der Mensch auch nichts lernen, weil es nicht in sein Lebenskonzept passt. Die Menschen wollten sich nicht vorsätzlich schädigen, auch wenn manches Ereignis aus Unfug und Dummheit geschehen ist.

Wir müssen also die Entstehung des Karmas in anderen Bereichen aufspüren. Diese Bereiche liegen außerhalb eures Bewusstseins.

Alle Menschen wollen eigentlich nichts Böses tun. Trotzdem geschehen jeden Tag unzählbare verwerfliche Schandtaten, dass Gott an der Schöpfung seiner Kinder verzweifeln könnte. Dieser Widerspruch zwischen dem guten Kern in jedem Menschen und dem bösen Tun gilt es zu ergründen, weil darin die Ursache des Karmas zu finden ist. Liebe und Angst sind die Ausdrucksformen dieses Widerspruches. Aus diesem Widerspruch ergibt sich die Suche nach dem Sinn des Lebens. Jeder Mensch stellt sich diese Frage irgendwann einmal im Leben, ohne darauf eine befriedigende Antwort zu finden, denn das

Leben auf der Erde ist aus der Sicht des Werdens und Vergehens sinnlos. Das Leben bekommt erst dann einen Sinn, wenn der Mensch ihm einen Sinn gibt. Und diesen Sinn kann der Mensch erst dann erkennen, wenn er weiß, dass die Seele ewig lebt und er immer wieder geboren wird, bis die Seele rein ist. Das ist das eigentliche Geheimnis eures Lebens. In diesen vielen Leben müsst ihr das Geheimnis eures Seins ergründen. Und dieses Geheimnis heißt bedingungslose Liebe in allem, was ihr tut.

Nun ist alles, was in der Seele an Unreinem gesammelt wird, eine karmische Bindung. Unrein ist alles, was Menschen anderen Wesen an Bösem antun. Das ist alles, was die Menschen von Gott trennt. Das beginnt bei einem schlechten Gedanken und endet beim Mord an Mensch und Tier. Dazwischen liegen unzählige kleine Verfehlungen, die vom Geschädigten leicht zu verzeihen sind und die Seele dann nicht mehr verschmutzen, aber auch schwere Verfehlungen, die als solche nicht erkannt werden, weil sie zum Alltag gehören. Diese belasten die Seele oft so sehr, dass eine Reinigung im jetzigen Leben nicht möglich ist.

Die weiteren Stationen der Seelenreinigung kennt ihr bereits (siehe Bd. 1, S. 121 ff.).

Die karmischen Bindungen, die jeder Mensch in sein neues Leben mitbringt, werden über die Seele in das Unterbewusstsein des Vergessens gegeben. Dort können sie vom Bewusstsein nicht erkannt werden. Viele Menschen meinen deshalb, dass sie solche Bindungen nicht haben, und leben wie bisher in den Tag hinein. Aber die karmische Aufgabe ist wie ein versteckter Befehl, der ständig wirkt und von der Körpersteuerung aufgenommen wird. Die Körpersteuerung veranlasst den Körper, sich in eine bestimmte Richtung zu entwickeln und sich auch in bestimmten Situationen entsprechend zu verhalten. Das ist die Art und Weise, wie die karmische Aufgabe umgesetzt wird und den Menschen schließlich zum Erkennen seines Weges zu

Gott führt. Viele Menschen werden aber in ihrem neuen Leben noch tiefer in die Verbindungen mit den finsteren Mächten geführt, weil sie sich verführen lassen und dem Einfluss der finsteren Kräfte nicht widerstehen können. Diese werden ihre Aufgabe durch Veränderungen an ihrem Körper erkennen müssen. Das ist keine Strafe Gottes, sondern ein Hinweis, noch in diesem Leben umzukehren. Tausende Menschen finden so den Weg wieder zu Gott und zur seelischen Reinigung.

Auf eine andere Form der Reinigung möchte euch Gott noch hinweisen.

Die Lösung der karmischen Aufgaben ist auf die Existenz anderer Menschen angewiesen. Gott hat euch schon erklärt, dass sich die Menschen gegenseitig helfen, ihre karmischen Verpflichtungen abzuarbeiten. Deshalb gibt es auch keine festgelegte Frist, in der die gereinigte Seele wieder in einem neuen Körper geboren wird. Erst müssen dafür die Bedingungen auf der Erde vorhanden sein. Gott berücksichtigt deshalb weder Länder, Rassen oder Besitzverhältnisse, vor allem auch kein Geschlecht bei der erneuten Inkarnation.

Seht euch einmal eure eigene Umgebung an, die Menschen, die euch begegnen. Alles und alle tragen dazu bei, dass ihr eure Aufgabe bewältigen könnt. Gleichzeitig helft *ihr* diesen Menschen, ihre Aufgabe zu lösen.

Wir wollen das an einigen Beispielen deutlich machen.

Ein Mensch hat sich zum Beispiel in seinem letzten Leben über die Menschen lustig gemacht, die immer nur nach ihm zweiter wurden. Er war immer der strahlende Sieger, die anderen die Verlierer. Seinen Konkurrenten hat er nie gratuliert und auch kein Wort des Trostes gefunden, obwohl sie noch härter trainiert hatten als er. Wodurch hat er seine Seele beschmutzt, denn geschadet hatte er doch eigentlich keinem seiner Gegner? Diese wären auch Verlierer geworden, wenn er sich ganz anders verhalten hätte. Es war die fehlende Nächstenliebe, das fehlende Mitgefühl, die fehlende Bereitschaft, seine Erfahrungen weiter zu geben. Er war ein richtiger Egoist. Diese sogenannten Erfolgsmenschen werden zwar überall genannt und gezeigt, aber in der Regel sind sie einsam. Das bringt der Erfolg mit sich, weil sie nicht der Durchschnitt sind und der Durchschnittsmensch keine Spitzenleistungen erzielt. Deshalb sind diese Menschen zwar der Maßstab für das Mögliche, aber nicht der Maßstab für das Menschliche.

In seinem neuen Leben wird dieser Mensch in solche Beziehungen gestellt, die ihn zum Kämpfer werden lassen. Aber alles, was er auch unternimmt, er wird niemals Erster sein. Immer ist irgendjemand da, der besser ist als er. Dabei entwickelt er sich zu einem Multitalent. Da er sich in vielen Bereichen versucht, an die Spitze zu kommen, ist er ein Alleskönner und in vielen Bereichen einsetzbar. Überall besticht er durch Geschick, Arbeitseifer und den Willen, Neues auszuprobieren. Er ist bestrebt, alles, was er sich mühsam angeeignet hat, als Erfahrung an andere weiter zu geben. Die Tätigkeit eines Lehrers ist deshalb auch der gewählte Beruf. Doch bei allem Eifer lässt Gott ihn auch die Einsamkeit des Siegers spüren. Er hat Freundschaften, ist beliebt als Leiter, aber er hat keine wahren Freunde. Das wird sich auch in diesem Leben nicht mehr ändern, weil er auch selbst eine Änderung gar nicht möchte.

Worin liegt in diesem Beispiel der eigentliche Sinn der karmischen Aufgabe?

Dieser Mensch hat in seinem jetzigen Leben zu lernen, dass er sich immer in ein Ganzes einordnen muss. Der Ehrgeiz, immer nur ganz oben stehen zu wollen, führt nur zu Unzufriedenheit. Bescheidenheit und die Anerkennung der Leistungen anderer sind die Eigenschaften, die er leben muss. Sobald er das erkannt hat, wird sein Leben ausgeglichen und harmonisch verlaufen.

Frage an Gott: Mir ist an diesem Beispiel bewusst geworden, dass Gott mir meine karmische Aufgabe erklärt hat. Ist das so?

Gott antwortet: *„Das hast du richtig erkannt. Diese karmische Aufgabe hat dich durch dein ganzes bisheriges Leben getrieben. Nun brauchst du dich nicht mehr zu bemühen, ganz oben zu stehen. Gott hat dir eine Aufgabe gegeben, die deinen Möglichkeiten entspricht. Bemühe dich nicht weiter um die Verbreitung deiner Bücher. Das wird Gott für dich tun."*

Gott will euch noch ein weiteres Beispiel erklären.

Da ist ein Mensch, der in einem früheren Leben viele Menschen beschäftigt hat. Eigentlich war er ein guter Leiter, aber mehrere Male vergaß er sich und schlug seine Angestellten, so dass sie ihn wegen Körperverletzung anzeigen mussten. Diese Verletzung der Würde eines Menschen und die Verstöße gegen die Unverletzbarkeit des Körpers nahm diese Seele als Schmutz mit ins Jenseits. In seinem jetzigen Leben kommt dieser Mensch in Verhältnisse, die ihn veranlassen, für andere Menschen den Dreck weg zu räumen. Diese Beschäftigung betrachten viele als unterste Tätigkeit, weil sie stinkt und schmutzig ist. Trotzdem hat derjenige, der diese nützliche Tätigkeit verrichtet, eine Würde als Mensch. Und das sollte dieser Mensch lernen.

Das Karma des Menschen kann nicht durch andere Menschen gereinigt werden. Das kann nur durch den Menschen selbst geschehen, der sich mit dieser Schuld belastet hat. Wer meint, er könne sich in diesen göttlichen Plan der Seelenreinigung einmischen, ist ein Betrüger, der die Menschen in Angst versetzen will. Das Karma ist ein Zeichen von Gottesferne. Die Nähe zu Gott kann nicht von anderen Menschen herbeigeführt werden. Das muss jeder Mensch selbst tun.

Das Karma kann im Verlaufe eines Lebens gemildert und sogar bereinigt werden. Dazu ist es notwendig, dass sich der Mensch mit der Geistigen Welt Gottes verbindet, das Verzeihen und Bitten um Vergebung lernt und sich in tätiger Nächstenliebe selbst auf die richtige Seite begibt. Zu solchen Erlebnissen wird der Mensch geführt, wenn er sich reinen Herzens mit Gemeinschaften verbindet, die sich um die Verbindung zu Gott bemühen. Auf der Erde gibt es viele solcher Vereinigungen, aber nur wenige, die das mit der notwendigen Ernsthaftigkeit verbinden. Solche Vereinigungen sind vor allem diejenigen, die sich an Jesus binden oder an den Helfer Gottes Bruno Gröning. Es gibt auch Vereinigungen, die sich auf Engel berufen. Das ist zwar von diesen Menschen ehrlich gemeint, aber eine Bindung an Gott wird dadurch nicht erreicht, weil diese Engel keine Berechtigung haben, für Gott zu sprechen. Ohne diese Hilfen von Jesus oder den Helfern Gottes wird es kaum möglich sein, sich von einer karmischen Belastung zu befreien. Über diese Bindung an die Lehre Jesu oder Bruno Grönings wird der Mensch verstehen lernen, was es bedeutet, die göttliche Energie der Ordnung in allem zu erkennen und in sich aufzunehmen. Wer das mit dem Gebet Gottes verbindet, der ist geschützt und kann seine Seele nicht mehr beschmutzen. Auf diese Art und Weise wird der Mensch eine reine Seele bekommen und diese mit Liebe füllen.

Betrachtet euer Karma als Hilfe Gottes für euer weiteres Leben und bemüht euch, nach den Geboten Gottes zu leben. So schöpft ihr eure Lebenszeitspanne aus und kommt mit einer reinen Seele zu Gott.

Das Kosmische Tor

Das ist jetzt ein Bereich der Geistigen Welt Gottes, den ihr überhaupt noch nicht kennt. Das Kosmische Tor ist der Übergang vom Jenseits in das eigentliche geistige Sein. Diese wichtige Schwelle verbindet das Jenseits der Erde mit der Welt Gottes. Es ist der Übergang von der Unreinheit in die Reinheit. In der Geistigen Welt Gottes ist alles rein, und alles wird aus der Unreinheit in die Reinheit geführt.

Gott wird euch jetzt dieses Kosmische Tor beschreiben, damit ihr erkennt, wie ihr euch jetzt bereits auf der Erde so mit Gott verbindet, dass ihr dieses Tor leicht durchschreiten könnt. Dieses Tor stellt die letzte Prüfung nach der Reinigung im Jenseits dar.

Eure Vorstellungen von einem Tor sind im Wesentlichen so, dass es eine Verbindung von einem geschlossenen Raum in einen anderen darstellt, oder von einem Raum in eine Landschaft und umgekehrt. Ein Tor trennt also Bereiche unterschiedlicher Funktion. So ist das auch bei Gott. Das kosmische Tor trennt die Erde mit dem Jenseits von dem die Erde umgebenden Kosmos. Deshalb bezeichnet Gott es für euch als das Kosmische Tor. Alle Seelen müssen dieses Tor durchschreiten. Wer an dieses Tor kommt, wird von Helfern Gottes in Empfang genommen. Ihr müsst euch dieses Tor als ein helles Licht vorstellen, das in unendlich vielen Farben strahlt. Das ist für alle Seelen die wunderbarste Erfahrung, die überhaupt eine Seele machen kann. Alle Seelen im Jenseits bekommen in ihre Frequenz die Sehnsucht nach diesem Licht eingegeben und streben danach, es so schnell wie möglich zu erreichen. Deshalb ist die Verweildauer der Seelen im Jenseits auch sehr kurz. Viele Seelen, die auf der Erde keinem Menschen Schaden zugefügt haben, bleiben nur wenige Erdentage im Jenseits. Die Reinigung dieser Seelen geschieht sehr schnell. Das Licht des Kosmischen Tores ist eine letzte Prüfung. Die Frequenz der Seelen wird durchleuchtet und von letzten Unreinheiten gesäubert. Dann übernehmen gereinigte Seelen aus dem Geistigen Reich Gottes diese Seelen und führen sie aus dem Tor zu Gott. Ihr müsst euch das so vorstellen, dass sich eine Frequenz aus dem Geistigen Reich Gottes an eine gereinigte Frequenz ankoppelt und diese auf eine höhere Schwingung bringt. Die Angleichung der Schwingung auf die göttliche Frequenz ist die Voraussetzung für die Befreiung der Seele von jeder irdischen Bindung. Jetzt ist sie vollkommen frei und gelöst von allen Bindungen an das letzte Erdenleben. Dadurch ist auch in einem neuen Erdenleben keine Erinnerung mehr an die früheren Leben möglich. Die Löschung ist so endgültig, dass ihr Menschen glaubt, noch nie gelebt zu haben.

Warum hat Gott das so eingerichtet?

Nehmen wir an, ein Mensch war in seinem letzten Leben sehr reich. In diesem Leben soll er aber lernen, alles, was er besitzt, mit Bedürftigen zu teilen. Wenn er jetzt wüsste, dass er im früheren Leben reich gewesen ist und nicht geteilt hat, dann wird er daraus nichts lernen wollen, weil er schlussfolgert, dass das im früheren Leben auch ohne zu teilen funktioniert hat. Seine Gier hat aber vielen Menschen geschadet. Deshalb muss er jetzt lernen, ein ganzes Leben mit wenig Besitz auszukommen. Sollte ihm Besitz zufallen, würde dieser wie Sand durch die Finger rinnen. Das ist Gottes Gerechtigkeit.

Gott will euch noch ein weiteres Beispiel geben.

Ein Mensch war in seinem letzten Erdenleben ein einsamer Mensch, der keine Frau gefunden hat. Das hat Gott deshalb so für ihn bestimmt, weil er in seinem Erdenleben davor die ehelichen Beziehungen nicht gepflegt hat und seine Frau großen Kummer erleiden musste. Jetzt wäre er in seinem neuen Erdenleben eigentlich wieder an der Reihe, ein geordnetes Familienleben erleben zu dürfen. Aber Gott hat für ihn etwas anderes bestimmt. Auf oberen Höhen der Wissenschaft darf er die Beziehungen der Menschen erforschen und getrennt von seiner Frau in ständiger Sorge und Sehnsucht leben. Das längere

Getrenntsein von seiner Frau ist der eigentliche Sinn dessen, was er lernen soll, um im Gefühl der Sehnsucht zu erkennen, dass Menschen nie allein sein sollen.

Auf diese Art und Weise bekommt jeder Mensch ohne Ausnahme seine Lernaufgabe für sein neues Leben. Deshalb stört jede Erinnerung an das frühere Leben diesen Lernprozess.

Frühere Leben haben die Menschen sehr viele. Es ist aber so, dass manchmal ein einziges ausreicht, um nie wieder geboren zu werden. Das geschieht, wenn der Mensch Menschen oder Tiere bestialisch getötet hat. Diese Seelen lassen sich nicht mehr reinigen. Sie sind in einem solchen Maße verschmutzt, dass sie nach der Trennung vom Körper sofort in das Reich der Finsternis kommen und dort auf eine Gelegenheit warten, bis Gott ihnen eine Möglichkeit gibt, als Tier oder Pflanze gereinigt zu werden. Erst dann kann diese Seele in einem menschlichen Körper von vorn beginnen, um bedingungslose Liebe zu erlernen. Die Seelen im Reich der Finsternis bleiben aber in der Regel für immer dort, weil ihre Reinigung sehr aufwändig ist und Gott andere Möglichkeiten hat, reine Seelen auszubilden.

Die Reinigung im Tor zum Kosmos ist nicht schwierig. Es ist eine letzte lichtvolle Anpassung an das kosmische Bewährungsfeld, in dem die Seelen neue Aufgaben erhalten. Es ist nicht so, dass die Seelen wie in einer Art Lager gestapelt und von dort wieder in menschliche Körper geschickt werden. Dafür sind sie zu wertvoll. Jede Seele erhält eine spezielle Aufgabe, die sie weiter lernen lässt und Liebe anreichert, so dass alle Seelen mit einer höheren Menge an Liebe inkarnieren als sie beim Verlassen des Körpers besaßen.

Die meisten Seelen haben im Geistigen Reich Gottes die Aufgabe, Seelen am Kosmischen Tor abzuholen. Überlegt euch einmal, wie viele Menschen täglich sterben und deren Seelen gereinigt werden müssen. Dafür müssen eben so viele Seelen da sein, die im Jenseits die Reinigung begleiten und die Seelen im Geistigen Reich Gottes vom Kosmischen Tor abholen. Das sind viele Seelen, die dazu benötigt werden. Deshalb hat Gott auch viele Helfer, die lange bei Gott bleiben und bestimmte Gruppen betreuen, bis auch diese Seelen wieder inkarnieren dürfen. Das ist ein ständiges Kommen und Gehen.[3]

Du hast dir die Zahlen heraus gesucht und festgestellt, dass mehr Kinder geboren werden als Menschen sterben. Daraus ergibt sich die Frage, woher die Seelen kommen, die täglich zusätzlich benötigt werden. Diese Seelen sind in direkter Verbindung mit Gott im großen Feld der irdischen Determination gespeichert. Das sind unreife Seelen ohne Aufgaben, die wie Larven in einer Wabe auf ihre Geburt warten und von Helfern Gottes zum richtigen Zeitpunkt vorbereitet werden. Es wird nie geschehen, dass ein neugeborener Mensch ohne Seele bleibt.

Die Qualität der neuen Seele wird bestimmt von der übertragenen Aufgabe, die dieser Mensch zu erfüllen hat. Auch hier ordnet Gott diese Seelen (bereits auf der Erde befindlichen) Menschen zu, um diesen zu helfen, ihre karmische Aufgabe zu erfüllen. Damit schließt sich dann der Kreis der Determination.

Auch du und alle deine Nächsten seid in ein solches karmisches Reinigungssystem eingebunden. Keiner ist zufällig mit irgendjemandem in eine Verbindung gekommen. Alles hat einen tiefen Sinn. Ihr wisst es nicht und sollt es auch nicht wissen, weil ihr euch sonst nicht richtig aus euren karmischen Aufgaben befreien könnt. Sucht deshalb nicht nach irgendwelchen Möglichkeiten, um euer Karma zu ergründen, sondern überlasst das alles dem Willen Gottes.

Frage an Gott: Hat das Kosmische Tor auch eine räumliche Abgrenzung, also liegt es zum Beispiel zwischen Stratosphäre und Kosmos?

---

[3] Lt. GlobeMeter - Die Welt in Zahlen (Internet) - sterben gegenwärtig täglich auf der Erde 154.000 Menschen und werden täglich 210.000 Menschen geboren.

Gott antwortet: „*Das ist eine naive Frage. Eine solche Abgrenzung gibt es nicht. Dann gäbe es auch euren Himmel, in dem Gott wohnen soll. Das Kosmische Tor ist eine energetische Größe zwischen niedrig schwingenden und höher schwingenden Frequenzen, für die es keine territorialen Abgrenzungen gibt. Alles ist eins und alles ist sowohl in euch als auch um euch. Vergesst dabei eure Vorstellungen von der Unendlichkeit, die ihr als Raum um euch wahrnehmt. Das ist eine ganz andere Dimension, die in keinerlei Verbindung mit den Seelenfrequenzen steht. Das müsst ihr endlich begreifen.*"

Die Welt der Wesen als göttliche Absicht

Die Menschen der Erde werden in ihrem Verhalten von Gott gelenkt. Dennoch ist der freie Wille der Teil in der göttlichen Bestimmung, über den die Menschen frei verfügen können. Das ist der menschliche Wille, der das Leben bestimmt. Er ist bei den Menschen verschieden ausgeprägt. Das ist auch gut so, denn dadurch lernen die Menschen auch untereinander, wie der einzelne Mensch seine Freiheit nutzt. Auch gibt es Menschen, denen Gott dieses Geschenk wieder entziehen müsste, weil sie es nicht nach Gottes Bestimmung zum Wohle aller Menschen nutzen. Dort, wo sich der freie Wille mit den Kräften der Finsternis verbindet, verändert sich die Wirkung und schlägt in das Gegenteil um. Viele dieser Menschen haben sich von Gott getrennt und sich mit den Mächten der Finsternis verbündet. Auch die Liebe ist von diesen Menschen gewichen, so dass die Veränderungen, die für die Menschen erforderlich wären, nicht eintreten können. Eine der verwerflichsten Handlungen dieser Menschen ist das Töten von Menschen in tausenden Kriegen, nur um mehr Besitz und Macht zu erlangen. Das ist der Beweis, dass die Menschen es noch nicht verstanden haben, ihren freien Willen richtig zu nutzen.

Gott hat das nun lange genug geduldet.

Die Menschheit muss von diesem Gemetzel befreit werden. Das erfordert aber die Mithilfe aller der Menschen, die die Kräfte der Finsternis aus ihrem Leben verbannt haben und ihre ganze Kraft dafür einsetzen, dass die Mächte der Zerstörung ihr durchtriebenes Spiel nicht mehr länger betreiben können.

Die Mächte der Finsternis haben eine Schwachstelle. Diese Schwachstelle ist ihre Unfähigkeit, die Vernunft zu bekämpfen. Die Vernunft aber ist in allen Menschen vorhanden. Deshalb können auch alle Menschen für diesen Kampf gewonnen werden. Auch in den Repräsentanten der Macht ist diese Vernunft vorhanden. Das macht die

Angelegenheit zwar nicht einfacher, aber im Extremfall können sie diese Vernunft einsetzen, um weitere Kriege zu verhindern. Aber das reicht nicht aus, denn es muss gelingen, dass die Ursachen der Kriege beseitigt werden. Und das wird von den Mächtigen dieser Erde nicht vorangetrieben werden. Deshalb werden die Vernünftigen auf andere Verbündete zugehen müssen. Das sind die schätzungsweise vielen Milliarden von Menschen, die in den Religionen gebunden sind und an Gott glauben. Auch wenn sie heute alle noch zersplittert sind, so vereint sie doch das eine Ziel, dass die Menschen in Frieden leben sollen. Diese Menschen werden sich vereinigen, weil sie die Garantie für eine friedliche Entwicklung der Menschen sind. Das wird auch vom Papst (Gott meint Franziskus) befördert. Seine Autorität wird die Menschen einigen. Auch werden viele Menschen an ihre Tugenden erinnert und wieder zur Nächstenliebe geführt werden.

Was aber unbedingt geschehen muss, das ist die Befreiung der Menschen aus der geistigen Versklavung durch die Mächte der Finsternis. Die Wahrheit über ihre Machenschaften muss veröffentlicht werden. Dazu müsst ihr die modernen Medien nutzen. Das ist eine Plattform, über die sich alle vernünftigen Menschen verbinden können.

Eine eurer wichtigsten Aufgaben ist bei aller Vorsicht, die Verbindung zu den Menschen herzustellen, die Waffen produzieren. Das ist deshalb schwierig, weil ihr ihnen erklären müsst, dass sie diejenigen sind, die die Waffen und Geräte erzeugen, mit denen die Menschen vernichtet werden. Diese sollen mit euch dafür eintreten, dass diese Produktion eingestellt wird und viele Produktionsstätten für eine friedliche Nutzung umgestaltet werden. Tatsache ist, dass die Waffen immer gefährlicher werden und immer mehr Menschen aus großen Entfernungen vernichtet werden können. Gelingen muss euch auch die Vernichtung der biologischen und chemischen Waffen. Sie greifen bei ihrer Anwendung tief in das biologische Gleichgewicht ein.

Überall sollt ihr mit Verstand vorgehen und die Menschen aufklären, was sie eigentlich tun. Ihr werdet auf viel Unverständnis stoßen, weil viele dieser Menschen glauben, etwas Gutes für die Erhaltung des Friedens zu tun. Das ist ein solcher Irrglaube, der in vielen Gehirnen fest verwurzelt ist. Durch Waffen entsteht kein Frieden. Geht deshalb immer mit aller Vorsicht zu Werke. Die Mächte der Zerstörung werden jeden eurer Schritte in dieser Richtung mit aller Härte frenetisch verfolgen, weil ihr damit ihre materiellen Grundlagen angreift. Die vielen Menschen, die ihr mobilisieren müsst, nehmen nur dann an dem Kampf teil, wenn ihr ihnen für ihr Leben Sicherheit geben könnt. Das könnt ihr im Prinzip nicht. Aber was ihr könnt, ist die Mobilisierung ihrer geistigen Abwehr gegen die Kräfte der Zerstörung. Das schafft eine breite Basis, die dann aktiviert werden kann, wenn der Zeitpunkt für große Aktionen gekommen ist. Dann brauchen diese Menschen eine klare Orientierung, um sich in eine breite Bewegung einreihen zu wollen. Das ist besonders in solchen Zentren wichtig, wo die Mächte der Finsternis ihre Standorte haben.

Unter den gotthörigen Menschen werden diejenigen auffallen, die sich an die Öffentlichkeit wenden. Das erfordert Mut und Furchtlosigkeit. Auch sollten die Ängstlichen ermutigt werden, sich den Bewegungen anzuschließen. Die Bewegung braucht eine breite Basis. Chaoten sollten die Reihen nicht verstärken.

Eine besondere Aufmerksamkeit finden die Vorgänge in den Zentren der Macht. Die Mächtigen spüren, dass etwas geschieht, was sie nicht einordnen können. Deshalb versuchen sie, durch wüste Attacken gegen jegliche Aktion die Furcht unter den Aktiven zu verbreiten. Unterdessen geschehen aber noch weitere Katastrophen, die die Herrschenden weiter schwächen werden und zum Einlenken zwingen. Das macht Mut und verstärkt die Basis der ersten Aktionen. Vor allem habt ihr keine Bedrohungen mehr zu befürchten, die von deren Machtapparat ausgehen, weil sich dieser in Auflösung befindet. Das geschieht gleichzeitig mit den Veränderungen auf politischer Ebene.

Keine vollständige Unterstützung erhalten die Mächtigen mehr von ihren Regierungen. Deshalb ziehen sie sich zurück und versuchen aus lauter Verzweiflung, Angriffe über die Medien vorzutäuschen. Das ist aber leicht zu durchschauen. Die Kräfte der Vernunft werden jetzt in die Offensive gehen und politische Strukturen aufbauen. Das geschieht sehr schnell, weil die Zeit drängt, da die allgemeine Ordnung aufrechterhalten werden muss.

Die ersten großen Veränderungen beginnen in den Verwaltungen der vielen Unternehmen, die sich mit Rüstungsgütern befassen. Dort wird es zu Protesten der Belegschaften kommen, die meinen, keine Arbeit mehr zu haben. Aber die Umstellung von einer Rüstungsproduktion zu einer Konsumgüterproduktion wird auch sehr schnell organisiert werden können. Dadurch werden viele finanzielle Mittel für die wirklichen Aufgaben in der Wirtschaft frei. Das wird die Menschen beflügeln, sich noch mehr vor die Veränderungen zu stellen und die Menschen zu unterstützen, die das vorantreiben.

Kaum ein Vertreter der finsteren Mächte wird sich diesen Veränderungen mehr entgegen stellen können. Diejenigen, die nun ihren Besitz verlieren, werden sich mit Händen und Füßen dagegen wehren. Das wird dann so aussehen, dass sie ihr Vermögen auf andere übertragen wollen, die vielleicht keine Schuld auf sich geladen haben. Aber auch das wird durchschaut werden.

Es wird eine Zeit der radikalen Umgestaltung sein. Wer sich den Mächten der Vernunft anschließt, der wird von Gott belohnt werden. Das wird die Menschen beflügeln, noch mehr für die Allgemeinheit zu tun und das eigene Wohl hinter das Wohl aller Menschen zu stellen.

Gott wird euch führen und schützen.

Das ist jetzt eine Darlegung dessen, was Gott eigentlich tut, um die Menschen zu dem Ziel zu führen, was Gott für die Menschen bestimmt hat. Diese Bestimmung beinhaltet alle Seiten der menschlichen Existenz, auch die Verbindung der Menschen zur Geistigen Welt Gottes. Noch niemals hat Gott dieses eigene Wirken einem Menschen mitgeteilt. Deshalb sollst du dir dieser Verantwortung bewusst sein und alle Informationen, die du jetzt erhalten wirst, mit der größten Sorgfalt aufnehmen. Gott will damit eine Neue Zeit für die Menschen einleiten und ihnen ihre Aufgaben zuweisen, die sie zu Beginn dieser Neuen Zeit zu erfüllen haben. Alles, was du jetzt erfährst, dürfen die Menschen erst wissen, wenn Gott dir dazu die Erlaubnis erteilt, weil die Menschen das jetzt noch nicht verstehen werden. Bereite die Menschen aber darauf vor, dass eine Neue Zeit anbrechen wird, indem du immer mehr Menschen durch deine Bücher in die Nähe von Gott bringst und sie zur Achtung der Schöpfung Gottes erziehst. Die Menschen werden zunehmend am eigenen Körper zu spüren bekommen, wie weit sie sich von Gott entfernt haben. Gott wird alles dafür tun, um alle Menschen an Gott zu binden, damit auf der Erde endlich *die* Verhältnisse eintreten, die allen Menschen ein Leben in Frieden und Glück ermöglichen.

Die Veränderungen auf der Erde als eine Korrektur von Fehlern

Auf der Erde gibt es ständig Veränderungen. Diese müssen sein, weil es sonst keine Entwicklung gibt. Jede Entwicklung beginnt damit, dass sich Altes auflöst. Das Alte aber wehrt sich, weil es noch lebensfähig ist, aber nicht mehr zur Entwicklung beitragen kann. Aus diesem Widerspruch erwachsen Konflikte und Fehlentwicklungen. Keine einzige Entwicklung verläuft ohne diese Konflikte. Das bedeutet, dass sich das Neue immer über das Alte hinwegsetzen muss. Da sich aber das Alte wehrt und sich gegen die eigene Abschaffung quer stellt, wird es immer einen erbitterten Kampf geben. Daraus erwachsen keine Veränderungen und Fortschritte, sondern nur Zerstörung und Leid.

Wir wollen das an einigen Beispielen zeigen.

In der Anfangszeit der Menschheit, als die günstigen Klimaveränderungen noch nicht eingetreten waren, um genug Nahrungsmittel zu haben, kämpfte jeder Stamm gegen den anderen, um dessen Vorräte zu stehlen. Das führte nicht zur Stärkung der Wirtschaft, sondern zum Ausbau der Verteidigung. Die riesigen Mengen an vorhandener Kraft für die Sicherung der Versorgung der Menschen wurde vergeudet, damit das Wenige gesichert werden konnte. Diese Fehlentwicklung hat sich bis zum heutigen Tag fortgesetzt. Wie viel nutzloses Kriegsgerät wird produziert, das keiner wirklich braucht, sondern nur die überlegenen Kräfte der Politik unterstützt? Diese vergeudeten Mittel fehlen den Menschen bei ihrer Entwicklung. Wie viele Lebensmittel hätten dafür produziert und wie viele andere Projekte verwirklicht werden können? Aber die Menschen der Erde sind aus diesen ständigen Fehlern nicht klug geworden.

Was ist zu tun?

Das Erste was geschehen muss, ist eine radikale Umstellung der Produktion von Kriegsproduktion auf Konsumgüterproduktion. Das ist nur durch eine Veränderung der Machtverhältnisse zu erreichen. Das wiederum setzt eine Veränderung im Denken voraus. Das Denken wiederum wird beeinflusst durch die Umstände, in denen die Menschen leben. Wenn es den Menschen gut geht, dann haben sie keine Veranlassung, ihre Lebensumstände zu verändern und lassen diejenigen gewähren, die diese Waffen produzieren. Im Gegenteil: Sie verteidigen diese Produktion noch, weil sie ihnen angeblich ihren Wohlstand sichert. Diesen Trugschluss wird aber die Menschheit teuer bezahlen müssen.

Was will Gott tun, um die Menschen zur Umkehr zu bewegen?

Gott wird die Lebensumstände so verändern müssen, dass die Menschen die Notwendigkeit einer Umkehr erkennen werden.

Das beginnt mit einschneidenden Veränderungen in der Ernährung. Die Lebensmittel werden auf lange Zeit teurer werden, weil sich das Klima verschlechtern wird. Vor allem in Amerika werden das die Menschen zu spüren bekommen, weil sich dort der Herd der Vernichtung befindet. Die Menschen werden einen solchen Druck auf die Regierung und die weiteren Feinde des Fortschritts ausüben, dass es zu grundlegenden politischen Veränderungen kommen wird. Diese Veränderungen betreffen vor allem die Wirtschaft und das Militär. Die Menschen werden diese Kräfte daran hindern, die Mittel weiter zu verschwenden und sich zu bereichern.

Wie wird das geschehen?

Zuerst werden sich die klimatischen Bedingungen wirklich verschlechtern. Das betrifft damit alle Menschen, so dass auch alle Menschen ein gemeinsames Interesse daran haben, die Folgen dieser Veränderungen zu beherrschen. Es wird sich aber sehr schnell ergeben, dass die Herrschenden nur an sich denken und die Mehrheit aus den Veränderungen ausschließen wollen. Der Druck, der jetzt entsteht, da viele Menschen wirklich hungern, wird auf Dauer von den Herrschenden nicht ignoriert werden können. Sie werden versuchen, mit kleinen Zugeständnissen die Hungrigen zu beschwichtigen. Das wird ihnen aber nicht gelingen, weil der Zorn der Menschen sehr groß ist. Es wird mit den Vertretern der Macht zu Kämpfen kommen, die auch viele Opfer erfordern werden. Das Ergebnis wird sein, dass die Vernünftigen wirkliche Macht erringen und die Folgen der klimatischen Veränderungen beherrschen werden. Das wird in einem Zeitraum von vier Jahren geschehen und beginnt ab jetzt. (Ende 2013 d. A.)

Für die Menschen in Europa hat diese Entwicklung weitreichende Folgen. Auch hier werden sich die klimatischen Bedingungen verschlechtern, auch hier werden die Lebensmittel teurer werden, weil viele Lebensmittel fehlen werden, die bisher aus anderen Ländern geholt wurden. Auch hier werden die Herrschenden zu einer anderen Politik gezwungen werden. Die Auswirkungen werden aber nicht das Ausmaß erreichen wie in Amerika. Auch auf den anderen Kontinenten wird es Veränderungen geben, so dass die Erde von der Angst der Zerstörung befreit sein wird. Das wird aber etwas länger dauern.

Ein weiteres Beispiel will euch Gott nennen.

In den dunklen Brutkästen der Mächte der Finsternis organisieren die schlimmsten Verbrecher die Vernichtung der Menschheit. Das ist vor der Öffentlichkeit vollständig verborgen, aber von den Herrschenden geduldet und finanziert. Deshalb wissen das die Menschen nicht und können auch nicht die breite Öffentlichkeit dagegen mobilisieren. Aber Gott kennt alles, und Gott wird dafür sorgen, dass diese nutzlosen Dinge nicht zum Einsatz kommen.

Die wirkliche Gefahr für die Menschen geht von den Atomwaffen aus. Diese schrecklichen Waffen sind über die gesamte Erde verteilt und wären in der Lage, die gesamte Menschheit auszurotten. Das muss unbedingt verhindert werden. In vielen Ländern sind solche Waffen gelagert. Dafür gibt es keine richtigen Daten, die euch sagen könnten, wo sie zu finden sind. Deshalb müsst ihr bei euren Erkundungen mit denen zusammen arbeiten, die über die Unterlagen verfügen und auch Zugang zu den Anlagen haben. Diejenigen, die diese Waffen einsetzen wollen, müssen bereits vorher entmachtet werden, damit sie nicht in ihrer Panik die Knöpfe drücken und bei ihrem Untergang alle Menschen mitreißen.

Eine weitere Gefahr geht von den chemischen und biologischen Waffen aus, aber auch von dem gesamten Vernichtungspotential der Strahlenwaffen, die von den Anlagen in Amerika und Russland ausgehen. Diese Waffen sind am hinterhältigsten, weil sie unbemerkt in das Klima und die ganze Atmosphäre eingreifen und so das Gleichgewicht zwischen den Kontinenten stören. Diese gefährlichen Waffen wird Gott vernichten müssen, da die Menschen dazu nicht in der Lage sind. Keine wirkliche öffentliche Kraft (Nachfrage: Menschen, die das Gute wollen) ist in der Lage, Frieden unter die Menschen zu bringen. Das kann nur Gott bewirken.

Deshalb wird Gott Folgendes tun:

Zuerst werden die Mächte der Finsternis an ihrer Basis zerstört, auch in ihren geheimen Bastionen. Diese Basis sind das Geld und die Banken. Das Geld wird seiner wichtigen Funktion beraubt, Vermehrer von falschem Geld zu sein. Dadurch verliert das Geld für die Mächte der Finsternis seine Bedeutung. Dadurch kann das Geld dann wieder seine eigentliche Bedeutung erlangen, Zahlungsmittel für erbrachte Leistungen zu sein. Das wird der eigentliche Kampf der Mächte der Vernunft sein, den Mächten der Finsternis ihre Kraftquelle zu entziehen. Wenn das gelungen ist, fallen alle anderen Bastionen.

Über die Art und Weise, wie Gott euch dabei helfen wird, wird Gott euch bald informieren. Das ist jetzt noch nicht notwendig, da Gott dafür erst die Voraussetzungen schaffen muss. Durch das Eingreifen Gottes werden für euch die Wege geöffnet, um dann aus eigener Kraft die notwendigen Veränderungen herbeiführen zu können.

Auf die Veränderungen folgen die schweren Zeiten der Umsetzungen. Das erfordert viel Ausdauer und Mut, weil es immer noch viele Menschen gibt, die an den alten Umständen festhalten wollen. Aber das werden immer weniger. Viele tausend Dinge müssen gleichzeitig erledigt werden, und es darf nichts vergessen werden.

Drei Dinge aber müssen sofort angefasst werden.

Das ist **erstens die Armee**. Diese muss entwaffnet werden, damit sie nicht von den Mächten der Finsternis gegen die Menschen eingesetzt werden kann.

Da ist **zweitens das Finanzsystem**. Es muss verhindert werden, dass das Geld aus dem Lande fließt.

Da ist **drittens die Sicherung der Macht** durch die Mächte der Vernunft. Es müssen in allen Städten sofort die Ämter neu besetzt werden, damit das öffentliche Leben weiter geht. Deshalb müssen die Personen, die diese Ämter besetzen sollen, bereits vor dem großen **Umsturz** benannt sein.

Das wird Gott alles lenken. Auch die Organisation des Umsturzes wird Gott führen. Das können die Menschen aus eigener Kraft nicht bewältigen. Deshalb wird Gott viele Helfer aktivieren, die sowohl aus der geistigen Welt als auch als Menschen diese Bewegung führen werden. Es werden Tausende sein, die sehr schnell ihre richtige Aufgabe erkennen werden.

Also beginnen wir, die Neue Zeit einzuleiten.

Die Fehler der Menschen als Warnung

Die Menschen haben in ihrer Entwicklung nicht nur die Mittel für ihre eigene Vernichtung erzeugt, sondern auch die Menschen geschaffen, die diese Mittel anwenden können. Das ist aber noch nicht einmal der größte Fehler.

Die Entwicklung hat es mit sich gebracht, dass die Menschen immer größer und älter werden, aber nicht vernünftiger und gesünder. Ihr Alter ist aber nicht das, was Gott für die Menschen bestimmt hat. Das resultiert aus ihrer Ernährung, die so unvernünftig ist, dass die Menschen ihre Lebenszeitspanne nicht einmal zur Hälfte ausnutzen. Das ist der größte Fehler, den die Menschen begehen, weil sie dadurch auch verhindern, dass ihr Wissen über diesen möglichen Zeitraum genutzt wird. Vieles könnte dadurch auf ewige Zeiten gesichert werden, wenn die Menschen ihr Wissen über einen längeren Zeitraum an die nachfolgenden Generationen weitergeben würden. Das hat auch etwas mit der Qualität des Wissens zu tun. Die Menschen gehen einen Weg vom Nichtwissen zum Wissen. In diesem Prozess gibt es viele Irrtümer und Fehlentwicklungen. Auf dem Weg zur Korrektur sterben aber viele Menschen. Das hinterlassene Wissen wird aber dennoch als Wahrheit eines großen Geistes an die nachfolgenden Generationen weiter gegeben. Erst viel später wird dann der Irrtum erkannt und korrigiert. Aber wie viele Fehlentwicklungen sind dadurch geschehen, die der Menschheit geschadet haben. Denkt einmal an die Vernichtung der Blutegel. Diese Tiere wurden eingesetzt, um einen Blutüberschuss zu verhindern. Aber hat es etwas genutzt? Die Ursache für den Blutüberschuss lag ganz woanders. Dieses Wissen zur Korrektur dieses Irrtums war aber dann vorhanden, nur ist der Träger dieses Wissens zeitig verstorben, ohne es weiter gegeben zu haben. Oder denkt an die Lichtenergie als Antriebsstoff. Der Entdecker hat sein Wissen nicht weiter geben können, weil er in jungen Jahren gestorben ist. Damals hätte es noch der friedlichen Nutzung gedient. Heute lässt es Gott noch nicht zu, dass ihr diese Entdeckung erneut macht, solange ihr die Mächte der Finsternis nicht bezwungen habt. So gibt es viel wertvolles Wissen, das ihr nicht nutzen konntet, weil sich die Wissenden durch eine falsche Ernährung selbst vorzeitig verabschiedet haben.

Auch solltet ihr wissen, dass sich diese Fehler auch auf die Schulbildung auswirken. Wie ist das zu verstehen? Die Lehrer vermitteln das Wissen, was als richtig anerkannt ist. Aber dieses Wissen ist unvollkommen und entspricht damit nicht der Wirklichkeit. Wenn die Väter dieses Wissens ihre Erkenntnisse hätten an der Wirklichkeit überprüfen können, dann wären die Schüler besser auf das Leben vorbereitet. So aber müssen sie immer weiter tiefere Versuche durchführen, um an die Wirklichkeit heran zu kommen.

Das Mittel zur Verlängerung des Lebens ist daher die eigene Erkenntnis, dass die Ernährung der entscheidende Punkt ist. Wenn auch die klügsten Menschen auf der Erde nicht in der Lage sind, diese Erkenntnis zu akzeptieren, dann wird sich das Leben der Menschen immer weiter verkürzen, auch wenn es gegenwärtig so aussieht, als würde sich das Leben verlängern. Da der Fleischkonsum in einem solchen Maße zugenommen hat, wie noch in keinem Lebenszyklus, werden die Folgen auch erst später eintreten.

Ein weiterer Fehler der Menschen besteht in der Verbreitung von Lügen. Die Menschen werden von allen Seiten mit Informationen vollgestopft, aber die meisten Informationen sind falsch, weil die Wahrheit eine Kraft besitzt, die den Mächten der Finsternis schadet. Deshalb sind Lügen und Halbwahrheiten ihre schärfste Waffe. Die Menschen machen die Lügen und wollen auch lieber mit der Lüge leben als mit der Wahrheit. Auch die Politik erkennt dieses Spiel nicht. Sie wird von den Mächten der Finsternis gelenkt und durchschaut deren schmutziges Spiel nicht. Dadurch ist sie auch nicht in der Lage, die Menschen richtig zu führen. Die Medien sind ebenfalls in den Händen der Mächte der Finsternis. Sie haben keine Wahl, sich frei mit eigenen Publikationen zu präsentieren. Wenn sie es täten, würden die Mächte der Finsternis sofort einschreiten und die Publikation verbieten lassen. Die Medien werden aber gebraucht, wenn es um die Einleitung der Neuen Zeit geht. Ihre Möglichkeiten, die Menschen auf der Erde schnell zu erreichen, können nicht ungenutzt bleiben. Deshalb solltet ihr euch mit ihnen verbinden und sie auf eure Seite ziehen. Das wird nicht einfach sein, aber auf Dauer erfolgreich. Denn auch sie werden erkennen, dass die Lügen nicht nur allen Menschen schaden, sondern auch ihnen selbst.

Die größte Lüge ist die von der Unfehlbarkeit der Elite. Dieser Zwang zum Gehorsam wird die Menschen nicht auf Dauer hindern können, sich von den Eliten abzuwenden. Sie werden sich ihrer eigenen Kraft bewusst werden und auf vernünftige Argumente reagieren. Das ist ihre stärkste Waffe. Die Vernünftigsten werden sich an die Spitze setzen und die Eliten, die menschlichen Vertreter der Mächte der Finsternis, verdrängen.

Die Menschen der Erde
und ihre Irrtümer

Die Menschen der Erde haben von ihrem Leben unterschiedliche Vorstellungen, die sie auch versuchen zu verwirklichen. Im Laufe ihres Lebens erweisen sich diese Vorstellungen als Illusionen, weil sie nicht mit der Wirklichkeit übereinstimmen.

Eine falsche Vorstellung haben die Menschen von Gott.

Sehr viele Menschen glauben an Gott, aber sie wissen nicht, was sich hinter Gott eigentlich verbirgt. Gott ist keine Person, die dargestellt werden kann und in Altären aufgestellt wird. Gott ist auch nicht im Himmel über den Menschen. Gott ist auch kein Vater für die Menschen.

Gott ist das ewige Sein *von Ewigkeit zu Ewigkeit, ohne Ort und ohne Zeit.*

Gott ist die Ordnung *in allem von der kleinsten Einheit des Seins bis zum unendlichen Universum. Das göttliche Sein ist die Mitte in allem, was ist.*

Gott ist die geistige Unendlichkeit *mit der Liebe als geistiger Kraft für alles, was ist.*

Gott ist die Vollkommenheit *und unendliche Kraft, die alles Bestehende in diese Vollkommenheit zieht.*

Gott ist das Ziel *allen Strebens für alle Wesen, die vollkommen werden wollen.*

Gott ist Geist in allem. *Gott erkennt jegliche Unordnung im Denken und Handeln und beginnt sofort mit der Heilung dieser Unordnung. Macht euch keine Gedanken, wie Gott die Ordnung herstellt. Alles geschieht immer durch Liebe auf die optimalste Weise für das Wohl der Ganzheit.*

***Gott ist die Einheit allen Seins.** Das bedeutet, dass es eine Kraft gibt, die alles in diese Einheit zieht. Diese Einheit ist in allem. Sie ist die Vollkommenheit des Seins. Jedes Ausbrechen aus der Einheit wird auf einer höheren Stufe wieder in die Einheit geführt. Dadurch entsteht Entwicklung aus Veränderung.*

***Gott ist stetige Bewegung, Veränderung und Entwicklung.** Dadurch strebt das Ganze immer und ewig zu einer höheren Qualität der Vollkommenheit. Alles, was ist, strebt nach Vollkommenheit. Aber nicht alles, was ist, ist auch vollkommen. Die Unvollkommenheit in den Dingen und Erscheinungen ist Triebkraft der Vollkommenheit. Das ist die Dialektik allen Seins. So ist Gott Bewahrer allen Seins und Veränderer allen Seins. Auch das ist Gott.*

***Gott erhält durch peinliche Reinheit in allem das Ganze.** Das bedeutet, dass Gott nichts zusammen führt, was nicht zusammen gehört. So entsteht die Vielfalt des Seins. Aus der Vermischung und Unreinheit entsteht Reinheit. Das ist das Gesetz der ewigen Anpassung an die sich stetig verändernde Vollkommenheit des Seins.*

Das ist Gott.

Jeder, der Gott so in sein Herz aufnimmt, erfährt in sich die ganze Liebe und kann sich auf die göttliche Führung zur eigenen Vollkommenheit verlassen. Die Menschen der Erde haben Gott auf die schändlichste Art missbraucht. Sie haben Gott für ihre widerwärtigen Ambitionen in ihrem Streben nach Geld und Macht benutzt.

Frage an Gott: Meint Gott wirklich *alle* Menschen?

Gott antwortet: *„Ja, Gott meint alle Menschen der Erde. Alle Menschen sind auf irgendeine Weise unrein geworden und haben sich dadurch von Gott getrennt, aber sprechen von Gott als ihrem Vater und Retter, was Gott nicht ist."*

Ein weiterer Irrtum der Menschen ist die Vorstellung von dem Leben an sich.

Die Menschen meinen, dass es die Eltern sind, die das Leben eines Menschen bewirkten. Das ist aber lediglich die biologische Seite eines Prozesses, den Gott eingeleitet hat. In Wirklichkeit ist die Entstehung jeglichen Lebens ein neuer Schöpfungsakt Gottes, der das kreiert, was Gott bestimmt hat. Die Geburt eines Menschen ist das Entstehen einer neuen Einheit aus Leben und Seele. Der Körper eines Menschen ist nur die Hülle für das karmische Sein eines Menschen. Das karmische Sein ist die eigentliche Verbindung eines Menschen zu seiner Umwelt.

Wie ist das zu verstehen?

Jeder Mensch unterliegt in seinem Leben den Bedingungen der Einflussnahme widerstreitender Kräfte. Dazwischen muss er sich entscheiden. Das ist unausweichlich und so bestimmt. Diese Auseinandersetzung ist aber kein Zufall, sondern die Folge einer früheren Auseinandersetzung mit diesen Kräften. Das Ergebnis dieses Kampfes wird in der Seele als Karma gespeichert. **Das Karma ist also die Aufzeichnung des Lebenskampfes des Menschen in der Seele.** Das ist die eigentliche Biografie der vielen Leben, die die Seele auf dem Weg zur Vollkommenheit aufzeichnet. In jedem Leben kommen neue Kapitel hinzu, bis die Seele das Signal gibt, dass die Aufgaben, die Gott gestellt hat, erfüllt sind.

Jetzt behaupten viele Menschen, dass alles eine Anhäufung von Zufällen sei. Das widerspräche aber der göttlichen Bestimmung. *Gott* wählt die Bedingungen aus, in denen sich der Mensch entwickeln darf. Kein einziger Mensch wird ohne Grund in ein Verhältnis hinein geboren. Er kann sich das nicht auswählen, weil er immer *das* Verhältnis bekommen muss, um die von Gott gestellt Aufgabe am besten erfüllen zu können. Die Menschen können und dürfen das nicht wissen, weil sie sonst an ihrem Leben verzweifeln würden. Denn die

Auswahl der Bedingungen, in die er hineingeboren wird, kann der Mensch selbst nicht vornehmen. Wenn das so wäre, dann würde jeder Mensch für sich nur die besten Bedingungen wählen. Diese wären aber nicht die besten für die Erfüllung seiner karmischen Aufgaben.

Die Menschen fragen sich natürlich, warum der eine in Wohlstand lebt und der andere im Elend, warum viele Menschen auf einmal Opfer von Katastrophen werden und warum andere ihr Leben zu Ende leben dürfen. Sie bezeichnen das als Schicksal. Jeder bekommt aber von Gott genau das, was er sich in den vielen Leben verdient hat. Das ist das unerbittliche Gesetz des Abarbeitens karmischer Aufgaben. Jeder Mensch schafft sich diese Bedingungen selbst. Was du säst, das wirst du ernten. Dieses Gesetz ist das, was Gott euch als euer ewiges Entwicklungsgesetz gegeben hat. Diese Bindung an eure eigenen Lebensbedingungen zwingt euch, richtig zu handeln. Nur so könnt ihr vollkommen werden. Es ist wichtig, dass ihr das begreift, auch wenn das vielen Menschen nicht leicht fällt.

Der nächste Irrtum, dem die Menschen verfallen, ist ihre Vorstellung von Freiheit.

Der freie Wille, den Gott jedem Menschen geschenkt hat, ist kein Freibrief, alles tun zu können, was man will. Wer so handelt, wird die Folgen dieser Willkür als Fehler spüren müssen. Der freie Wille ist lediglich ein kleiner Freiraum, den Gott dem Menschen lässt, damit er zwischen Gut und Böse entscheiden kann. Das tatsächliche Geschehen um euch herum vollzieht sich nach dem Willen Gottes. Die wahre Freiheit kann jeder Mensch erringen, wenn er sich mit dem Willen Gottes vereinigt. Dann wird auch der freie Wille wirklich so genutzt, dass er der Entwicklung zur Vollkommenheit dient. Aus dieser Einsicht heraus sollte der Mensch handeln. Erst dann ist er wirklich frei.

Ihr seht also, dass wirkliche Freiheit des Menschen möglich ist, wenn die Nähe zu Gott gefunden wurde.

Ein weiterer Irrtum ist eure Vorstellung von der Hölle.

Die Hölle ist eine Erfindung der Menschen, die von denen geschaffen wurde, die Angst verbreiten wollen, um Menschen beherrschen zu können. Die Ursache dieses Irrtums liegt in der Unwissenheit über die Rolle der finsteren Kräfte. Gott hat euch bereits erklärt, dass die finsteren Kräfte Werkzeuge Gottes sind, um die Menschen zum Guten zu führen. Dass die Verführung, Böses zu tun, groß ist, liegt in der Natur dieser Kräfte. Es liegt also am Menschen selbst, ob er sich verführen lässt.

In der Vorstellung der Menschen kommen die Verführten in die Hölle und die Guten in den Himmel. Beides gibt es im Geistigen Reich Gottes nicht. Diejenigen, die Gottes Gebote in einem solchem Maße verletzen, indem sie Kinder Gottes vorsätzlich getötet haben, lässt Gott nicht wieder als Menschen auf die Erde. Ihre Seelen sind so verschmutzt, dass eine Reinigung im Jenseits nicht möglich ist. Diese Seelen gibt Gott ins Reich der Finsternis. Dort können sie auch nicht gereinigt werden. Das Reich der Finsternis ist ein Teil im Geistigen Reich Gottes, der keine Verbindung zum übrigen Reich Gottes hat. In diesem Teil des göttlichen Reiches werden diese Seelen von ihrer Frequenz befreit, so dass sie keine Möglichkeit haben, andere Seelen sowohl in lebenden Menschen als auch im Jenseits und im Geistigen Reich Gottes zu beeinflussen. Gott gibt aber auch diesen Seelen eine Chance, sich von ihrem Schmutz zu befreien. Wenn es auf der Erde Seelen mit einer hohen Reinheit gibt, die diese Seelen annehmen können, um ihnen zu zeigen, wie sich Menschen zu den Wesen Gottes nach den Geboten Gottes der Liebe und Nächstenliebe verhalten, dann dürfen diese Seelen in Pflanzen oder Tieren inkarnieren. In dieser verkürzten Lebenszeit als Pflanze oder Tier dürfen diese Seelen durch die Liebe der Menschen gereinigt werden. Wenn sie dann wieder über das Jenseits in das Geistige Reich Gottes kommen, können sie dann wieder als Menschen auf die Erde kommen. Das ist der Werdegang dieser Seelen. Auch hier zeigt euch Gott seine ganze Liebe.

Frage an Gott: Sind alle Seelen von Pflanzen und Tieren, die uns umgeben, ehemals Seelen in Menschen gewesen?

Gott: *„Das ist so nicht richtig, aber alle Tiere und Pflanzen, die ihr selbst aufzieht und in eure Liebe einbindet, waren menschliche Seelen. Deshalb solltet ihr eure Verantwortung für diese Wesen sehr ernst nehmen. Wer diese Tiere vernichtet, lädt schwere Schuld auf sich."*

Ein weiterer Fehler besteht in der Betrachtung eurer eigenen Gesundheit.

Ihr glaubt, dass *ihr* diejenigen seid, die darüber voll und ganz bestimmen können. Das ist nur zum Teil richtig. Wenn ihr euch wirklich so verhalten würdet, wie Gottes Bestimmung für euch ist, dann hättet ihr alle eine gute Gesundheit. Aber genau das Gegenteil ist der Fall. Ihr wisst überhaupt nicht mehr, was euer Körper tatsächlich braucht. Gott hat euch einen gesunden Körper geschenkt, damit ihr eine Wohnung für euren Geist und eure Seele habt, aber nun belastet ihr euren Körper so sehr mit giftiger Nahrung, dass er bereits sehr frühzeitig beginnt, euch Schmerzen zu bereiten. Dadurch kann sich euer Geist nicht wirklich entwickeln, weil ihr euch von eurem Körper Befehle erteilen lassen müsst, wie der Körper geheilt werden soll. Das ist aber nicht seine Aufgabe. Jeder Mensch kann ein hohes Alter erreichen, wenn er sich artgerecht ernährt.

Was meint Gott mit einer artgerechten Ernährung?

Zuerst solltet ihr euch von jeglichem Genuss tierischer Produkte fernhalten. Das kann euch Gott nicht oft genug sagen. Tierisches Eiweiß ist für den Menschen ein zerstörerisches Zellgift, besonders für die Gehirnzellen. Auch wenn es heute von euch noch nicht verstanden wird, weil es scheint, als würde euch das Fleisch der Tiere Kraft verleihen, aber ihr verkürzt euer Leben bei zunehmendem Siechtum.

Dann solltet ihr euch von künstlichen Produkten fernhalten. Dazu zählen vor allem Zucker, Salz und Getreideprodukte sowie chemisch hergestellte Ersatzstoffe. Ihr solltet euch von den Früchten der Bäume und Sträucher ernähren, dazu in kaltem Wasser zubereitetes Mehl, das ihr an der Luft trocknen lasst. So könnt ihr alle wirklichen Bestandteile des Getreides genießen. Auch könnt ihr die Nüsse der Bäume und Sträucher zu euch nehmen. Sie geben euch viel Kraft. Auch könnt ihr Milch aus anderen Getreidesorten herstellen und trinken. Ihr habt für eine gesunde Ernährung so viele Möglichkeiten auf der Erde, dass Gott es überhaupt nicht verstehen kann, wie ihr eure Vernunft aus eurer Ernährung heraus haltet.

Auch hier ruft euch Gott zur großen Umkehr auf, denn Gott hat euch nicht dafür geschaffen, dass ihr euer Leben verkürzt.

Ein weiterer Irrtum besteht in der Annahme, dass euch das Geld glücklich macht.

Das Geld hat euch dahin geführt, dass ihr unglücklich geworden seid. Das Geld besitzt in sich die Gier nach immer mehr Geld. Mehr Geld giert nach Macht. Das ist es, was die Menschen trennt und alles käuflich werden lässt. Gott hat euch bisher gewähren lassen, damit ihr zur Einsicht gelangt, dass euch das Geld in die eigene Vernichtung treibt. Erst wenn ihr erkennt, dass der Reichtum eures Lebens von vielen anderen Dingen abhängt, dann könnt ihr euch dem Glück zuwenden, das Gott für euch bestimmt hat.

Es gibt noch eine Reihe weiterer Irrtümer in eurem Leben, wie zum Beispiel die Teilung des ewigen Lebens auf der Erde, oder die Liebe von irdischen und kosmischen Wesen, oder die Nahtoderfahrung. Das wird euch Gott später genauer erklären. Korrigiert erst einmal die Irrtümer, die euch Gott jetzt genannt hat, dann seid ihr auf dem richtigen Weg in die Neue Zeit.

Als ich am 18. Januar 2014 dieses Kapitel beendet hatte und beim Durcharbeiten erneut zu dieser Stelle gelangte, sagte ich Gott, dass die Korrektur dieser Irrtümer wohl Jahre, wenn nicht Jahrzehnte dauern würde. Ob ich dann noch die Gelegenheit hätte, auch diese Irrtümer erklärt zu bekommen, würde ich eher bezweifeln. Deshalb wäre es wohl für mich und die Leser nützlicher, bereits jetzt die aufklärenden Worte Gottes dazu zu erfahren. Und Gott lenkte ein.

Der Irrtum von der Teilung des ewigen Lebens auf der Erde

Das heißt, dass sich das ewige Leben vor allem nach dem Willen Gottes gestaltet. Ihr glaubt, dass sich die Menschen in einem weiteren Leben mit anderen Menschen ihre Eigenschaften teilen (Nachfrage: „… dass die Menschen mit den gleichen Eigenschaften wieder geboren werden.") und dass die Menschen einer Rasse oder einer Nation wieder in die gleiche Rasse oder Nation hinein geboren werden. Das ist grundsätzlich falsch, weil das nicht mit der Lösung karmischer Aufgaben zu verbinden ist. Gott bestimmt, in welche neue Verbindung ein Mensch hinein geboren wird, um seine Fehler aus dem früheren Leben am besten korrigieren zu können. Die Art und Weise, die Zeit, das Geschlecht, die Rasse und der Ort bestimmt allein Gott. Das betrifft sogar die Familien, in die die Menschen hineingeboren werden, und sogar die Tiere, mit denen sie dort aufwachsen. Es ist wichtig, dass ihr das erkennt und auch beginnt, das zu hinterfragen. Überdenkt einmal euer Leben und fragt euch dann, warum dies oder jenes geschehen sein könnte, wieviel Umwege ihr gegangen seid, um dort zu stehen, wo ihr jetzt seid. Das ist nicht immer ein angenehmer Ort und eine angenehme Situation für Körper und Geist. Aber all das sind Ergebnisse eines Zusammenwirkens von karmischen Aufgaben und den Entscheidungen im jetzigen Leben. Daraus entsteht das, was ihr Schicksal nennt.

Der Irrtum von der Liebe irdischer und kosmischer Wesen.

Das ist ein weiterer Irrtum, den viele Menschen begehen. Die kosmischen Wesen sind Frequenzen, die keine Gefühle haben. Sie können deshalb auch nicht lieben, wie es Menschen können. Was ihr meint, sind die engen Bindungen an diese Frequenzen, die sich dadurch ergeben, dass ihr sie anruft. Dann werden diese Energien aktiviert und müssen das tun, wofür sie bestimmt sind. Wenn ihr euch aber in diese Frequenzen verliebt, dann entsteht eine sehr enge Bindung mit diesen, die das Verhältnis wirklich wie eine Liebesbeziehung erscheinen lassen. Das ist menschlich. Aber eine Beziehung von der Frequenz zum Menschen besteht nicht.

Über die Beziehung vom Menschen zu Gott hat euch Gott schon ausführlich aufgeklärt. Gott ist keine Frequenz, sondern die Allmacht, die die unendliche Liebe ist. Deshalb besteht zwischen Mensch und Gott immer eine Liebesbeziehung, die euch am Leben erhält. Wer das nicht erkennt und Gott verleugnet, der verliert zwar nicht die Liebe Gottes, aber er gerät automatisch in die Fänge der Kräfte der Finsternis und wird ihr Diener. Sie haben das Ziel, diesen Menschen den freien Willen zu rauben und sie in ihre Abhängigkeit zu zwingen.

Der Irrtum von der Nahtod-Erfahrung.

Die Menschen sprechen von Nahtod-Erfahrungen, die diejenigen Menschen erleben, die nach menschlichen Maßstäben klinisch tot sind, aber noch durchblutet sind. In dieser Zeit will sich der Geist vom Körper trennen, aber die Seele kann es noch nicht, weil der Körper noch lebt. Der Geist befindet sich bereits im Astralreich, wo er auf andere Seelen trifft, mit denen er Verbindung aufnehmen kann. Das führt dann dazu, dass diese Menschen das göttliche Licht erkennen und als wunderbare Erfahrung in ihrem Bewusstsein bewahren. Diese Menschen erleben auch den Kontakt mit anderen Frequenzen und verschmelzen mit diesen. Wenn sie dann wieder ins Leben zurückkommen, haben sie Fähigkeiten und Gewohnheiten angenommen, die sie bisher noch nicht hatten. Das bezeichnen dann viele als ein Wunder. Es ist aber kein Wunder, sondern ein ganz normaler Vorgang auf geistiger Ebene.

Frage an Gott: Manche Menschen behaupten, dass sie in tiefer Meditation ihren Körper verlassen können oder diesen verlassen haben und sich von außen sehen konnten. Manche sagen auch, dass das sehr gefährlich sei, weil sie nicht wieder in ihren Körper zurück finden oder kommen können.

Gott antwortet: *„Das sind reine Einbildungen. Gott lässt es nicht zu, dass der Geist den Körper verlässt, wenn dieser noch lebt. Was diejenigen meinen, ist das geistige Trennen von der materiellen Hülle. Das ist eine wirkliche Kunst der tiefen Verbindung mit der geistigen Welt. In dieser Situation wird die gesamte Körperlichkeit nicht mehr wahrgenommen und der Geist kann sich einer anderen Dimension bewusst werden. Wer das beherrscht, wird sich auch der tiefen Bindung an Gott bewusst. Ihr solltet das üben, aber nicht dazu benutzen, um euch damit zu brüsten oder Märchen zu erzählen.“*

Weitere Irrtümer bestehen bei den Menschen bei der Betrachtung des Evolutionsprozesses.

Die Menschen haben erkannt, dass sie sich aus dem Tierreich entwickelt haben. Diese Entwicklung geschah aber nicht zufällig, sondern war ein wirklicher Wille Gottes, es so geschehen zu lassen. Es ist von Gott so bestimmt worden, dass sich die Menschen aus den pflanzenfressenden Primaten entwickeln. Die Art und Weise, wie sich diese Entwicklung vollzog, verlief nach den Gesetzen der Materie. Deshalb war es auch möglich, diese Entwicklung wissenschaftlich zu beweisen. Die Anpassung an die gegebenen Lebensbedingungen war der Schlüssel für das Überleben der stärkeren Lebensarten. Das ist nicht das Gesetz des Stärkeren gewesen, sondern die Suche der Wesen nach den besten Überlebensmöglichkeiten. Dieser tägliche Kampf um die Sicherung der Lebensbedingungen hat die Artenvielfalt hervorgebracht. Gerade die Vielfalt der Arten ist der Beweis für die Anpassung. Innerhalb dieses Prozesses spielt die Überlegenheit des Stärkeren innerhalb einer Population eine entscheidende Rolle. Diese Stärke sichert die Reinheit der Rasse. Unter dieser Reinheit der Rasse ist nicht die Reinheit im äußeren Aussehen zu verstehen, sondern die genetische Reinheit, die im Wesentlichen von den stärkeren Vertretern einer Rasse weiter gegeben werden. In diesem Wechselspiel zwischen Anpassung und Stärke entwickelt sich schließlich auch die Tier- und Pflanzenwelt heraus, die die Grundlage bildete für das Entstehen einer Tierart, die die Basis bildete für das Entstehen des Menschen. Diese Tierart ernährte sich ausschließlich von Pflanzen und Früchten. Dadurch hatte sie einen geringeren Energiebedarf, was es ihr ermöglichte, in weniger fruchtbaren Gebieten zu überleben. Diese Fähigkeit zur Anpassung an widrige Lebensbedingungen ermöglichte die Entwicklung des Gehirns. Dies war der entscheidende Punkt, wo sich der Mensch vom Tierreich abkoppelte. Jetzt begann die Entwicklung der typischen menschlichen Fähigkeiten, wie das Erkennen der Dauerhaftigkeit der Nahrungsgrundlage, der besten Unterkünfte für die Aufzucht des Nachwuchses und der Fähigkeit sich zu verteidigen. In der weiteren Entwicklung haben sich die Menschen zu Jägern vieler Tiere verändert. Das war zu dieser Zeit notwendig, da die Nahrung mit Pflanzen und Früchten nicht ausreichte. Das änderte sich später durch die Veränderung der klimatischen Bedingungen. Die Menschen haben dann gelernt, das Feuer zu nutzen und damit einen großen Schritt aus der wirklichen Abhängigkeit von den natürlichen Gegebenheiten getan. Dadurch waren dann auch die Möglichkeiten für die Bearbeitung von Metallen gegeben.

Die endgültige Trennung von der tierischen Vergangenheit begann mit der Herausbildung der Sprache als Kommunikationsmittel. Die Menschen waren jetzt in der Lage, sich zu verständigen und zu dauernden Verbindungen untereinander zu kommen. Die Populationen bildeten sich heraus. Alles Weitere wisst ihr bereits.

Worin liegen nun eure Irrtümer in der Betrachtung des Evolutions-
prozesses?

Zuerst ist festzustellen, dass ihr immer noch an die Darstellungen in
der Bibel glaubt. Die Zahl derer, die dieses Szenarium durchschaut
haben, wächst ständig. Aber leider ist diese Darstellung immer noch
ein fester Glaubensgrundsatz in den Kirchen. Deshalb können wir
diese Version immer noch nicht aus den Irrtümern heraus nehmen.

Ein weiterer Irrtum besteht darin, dass Gott den Menschen zuerst geschaffen habe. Das war weder Gottes Absicht, noch konnte es so sein,
weil die Menschen ohne Natur nicht hätten leben können. Deshalb
begann alles mit der einzelnen Zelle. Diese Zellen wirkten bereits
sehr selbstständig und hatten in sich schon den gesamten kosmischen
Plan für die Teilung und Veränderung.

Der nächste Irrtum besteht in der Darstellung der Triebkraft der
Evolution. In vielen Darstellungen beziehen sich Wissenschaftler auf
eine einzige Art und finden dann als Triebkraft heraus, dass sich die
stärksten Vertreter gegenüber den Schwächeren durchsetzten. Das
ist innerhalb einer Population wichtig, weil die stärksten Vertreter
die reinsten Gene haben und damit zur Erhaltung der Art beitragen.
Wenn das nicht so wäre, würde auch schwächeres Erbgut seine Ver-
mehrung durchsetzen. Das würde aber zur Schwächung der gesamten
Art führen. In der Vergangenheit wurde diese Theorie missbraucht,
um ganze Völker und Rassen zu vernichten. Das ist nicht im Sinne
Gottes. Diejenigen, die das taten, haben schwere Schuld auf sich
geladen.

Gott hat euch bereits gesagt, dass die entscheidende Triebkraft die
Anpassung an die sich ständig verändernden Lebensbedingungen ist.
Das betrifft alle lebenden Wesen. Das ist das grundlegende Gesetz
der Evolution. Gott hat damit allen Wesen die Möglichkeit gegeben,
sich in den Grenzen seiner Art zu verändern und zu entwickeln.

Wesen, die nicht die Kraft zur Anpassung haben, werden aussterben müssen. Das ist keine Vernichtung durch die Mächte der Zerstörung, weil sich Lebensfähiges weiter entwickelt und durchgesetzt hat. Wenn sich nicht mehr Lebensfähiges konservieren wollte, dann würde das den gesamten evolutionären Prozess stören. Und das ist nicht im göttlichen Sinne.

Was ihr heute erkennen solltet, ist, dass das starre Festhalten vieler Vertreter der Mächte der Finsternis an alten und nicht mehr zeitgemäßen Ritualen, die euch das Leben erschweren, ja zum wirklichen Untergang aller lebensfähigen, frischen, reichen und aufstrebenden Verhältnisse führen könnten, wenn ihr sie weiter gewähren lasst.

Deshalb wird euch Gott helfen, dass der evolutionäre Prozess eurer Vervollkommnung in der Neuen Zeit weiter geführt werden kann.

Neben diesen Irrtümern begehen die Menschen auch Fehler in der Analyse der Wirklichkeit.

Die Menschen der Erde haben ein sehr großes Bedürfnis, hinter die Ursachen aller Erscheinungen zu kommen. Das ist auch sehr wichtig, ansonsten gäbe es keinen Fortschritt in den Lebensbedingungen. Viele eurer Entdeckungen, die ihr fast täglich macht, sind von Gott gewollt. Vor allem sind es die Entdeckungen, die euer Leben erleichtern und euch die Schönheit der Schöpfung offenbaren. Gott wird auch weiterhin dieses ehrgeizige Bemühen unterstützen. Was Gott nicht akzeptiert, ist die missbräuchliche Nutzung eurer geistigen Kräfte, die großen Schaden anrichtet und euch an den Rand der Selbstzerstörung treibt.

Die wirklich wichtigen Erfindungen habt ihr noch nicht gemacht. Dagegen sind die bisherigen Erfindungen nur Spielereien gewesen. Die Neue Zeit mit ihren vielfältigen geistigen Möglichkeiten wird dazu führen, dass ihr diese Erfindungen auch machen könnt. Das wird euer gesamtes Leben revolutionieren. Diese beziehen sich vor allem auf die Energiegewinnung, die Art des Transportes von Menschen und Gütern, der Ernährung, aber auch der Informationsübertragung. Diese Erfindungen sind aber an die Bedingung geknüpft, dass sie nur friedlichen Zwecken dienen. Da diese Bedingungen bisher nicht gegeben waren, konnte Gott es nicht zulassen, dass ihr zu diesen Erkenntnissen vorstoßen durftet.

Gott verfolgt eure Bemühungen um die Erfassung der Wirklichkeit sehr genau. Das ist auch deshalb wichtig, um euch davor zu bewahren, dass ihr in die verkehrte Richtung rennt. Deshalb will euch Gott jetzt einige Hinweise geben, was ihr nicht weiter verfolgen solltet, damit ihr euch nicht auf Dinge konzentriert, die keinerlei Nutzen bringen.

Die größte Verschwendung an finanziellen Mitteln erfolgt durch die Rüstungsindustrie und die Erforschung neuer Vernichtungswaffen. Das wird aufhören, da dieser Unsinn der Vernunft absolut widerspricht. Ein solches Argument, dass der Frieden nur durch Waffen gesichert sei, entbehrt jeder Logik. Wer diese Politik verfolgt, liebt Gott und die Menschen nicht. Die wirkliche Gefahr für die Menschen geht nicht von anderen Völkern aus, sondern von den Mächten der Zerstörung, die daran verdienen wollen und die Waffen zur Sicherung ihrer Macht einsetzen.

Eine weitere Verschwendung erfolgt durch die Pharmaindustrie. Es ist notwendig, wirksame und für den menschlichen Körper verträgliche Medikamente herzustellen. Es ist ein Irrtum zu glauben, dass das, was gegenwärtig geschieht, der Gesunderhaltung der Menschen dient. Es dient vielmehr der Unterdrückung von Symptomen und der Erhaltung eines Heeres von Kranken. Außerdem werden die Forschungen zur Aufdeckung der wahren Krankheitsursachen nicht gefördert, ja sogar unterdrückt. Die Menschen werden nicht ausreichend über ihre falschen Ernährungsgewohnheiten und die daraus entstehenden Krankheiten aufgeklärt. Dieser fatale Irrtum, dass die Ernährung unabhängig von dem Entstehen von Krankheiten sei, führt zu einer vorzeitigen Alterung der Menschen. Das ist in der Neuen Zeit zu korrigieren.

Ein weiterer Irrtum besteht darin, dass viele Menschen glauben, die wirkliche Aufgabe der Menschen bestehe in der Anhäufung von Geld. Das Reichsein an materiellen Werten ist zwar ein wichtiges Moment hinsichtlich der Absicherung mit Gütern zum Leben, ist aber keine Garantie für ein langes und erfülltes Leben. Im Gegenteil: Der Besitz, der über den Bedarf hinausgeht, belastet den Besitzer. Besitz muss beschützt werden und macht andere Menschen gierig. Deshalb wird in der Neuen Zeit das Geld diese Funktion verlieren.

Ein weiterer Irrtum besteht in der Überzeugung vieler Politiker, dass durch ihre Maßnahmen und Gesetze bestehende Ungerechtigkeiten in der Gesellschaft beseitigt werden können. Diese Ungerechtigkeiten sind vielmehr die Basis ihrer Herrschaft. Ohne den riesigen Apparat zu ihrer Machterhaltung könnten sie nicht in dem Maße gegen die Interessen der Mehrheit der Bevölkerung regieren.

Auch ein solcher Irrtum sei noch einmal aufgeführt: Ihr versucht, die Weiten des Universums zu erforschen. Das ist ein interessantes Gebiet. Aber wenn ihr versucht, über euer Sonnensystem hinaus zu kommen, dann ist das reine Geldverschwendung. Ihr werdet dort nichts finden, was euch nützen könnte. Und ihr werdet auch Niemanden finden, der euch da erwartet.

Diese Aufzählung soll vorerst reichen, um euch zum Nachdenken anzuregen. Bindet euch an Gott, damit ihr euch in eurer geistigen Erkenntnis der Wirklichkeit führen lassen könnt.

Zu Fehlern im Erfassen der Wirklichkeit und ihrer Zusammenhänge kommt es bei den Menschen häufig durch **die falsche Interpretation des Scheins.**

Eure Erkenntnisfähigkeit ist begrenzt, da ihr immer nur einen Ausschnitt der Wirklichkeit erfassen könnt. Daran wird sich auch in der Neuen Zeit wenig ändern. Alles, was ihr erfassen könnt, ist die Erscheinung der Dinge. Dieses Erfassen ist aber an eure subjektive Erkenntnisfähigkeit gebunden. Diese ist wiederum bei jedem Menschen anders ausgeprägt, weil in dieses Erfassen die Erfahrungen und das Wissen einfließen, die jeder Mensch in seiner Entwicklung erworben hat. Deshalb interpretieren die Menschen die erkannte Wirklichkeit immer unterschiedlich, was von Gott auch so gewollt ist. Dadurch fließen die Erfahrungen vieler Menschen in die Auslegungen ein, was dem Erfassen der wirklichen Zusammenhänge sehr dienlich ist. Wenn die Zusammenhänge erfasst wurden, dann ist auch das Verändern der Wirklichkeit möglich. Eine falsche Interpretation führt unweigerlich zu Fehlern. Diese Fehler sind aber sehr häufig anzutreffen, weil der Schein als Wirklichkeit aufgefasst wurde. Der Schein ist der enge Verbündete der Wirklichkeit und umgibt diese wie ein Nebelschleier. Deshalb ist es notwendig, den Schein auf seine Verbindung mit der Wirklichkeit zu überprüfen, denn der Schein zeigt sich oft als das genaue Gegenteil der Wirklichkeit. Bleibt der Mensch an der Oberfläche haften und durchdringt er nicht diese Nebelwand des Scheins, dann wird das zu falschen Schlussfolgerungen im Handeln führen. Wir wollen uns das an einigen Beispielen etwas genauer ansehen.

Zuerst gebe ich euch ein einfaches Beispiel, das alle bereits kennen. Ihr sprecht von **Sonnenaufgang und Sonnenuntergang**. Aber ihr wisst jetzt, dass das nur der Schein eines Geschehens ist, bei dem sich die Sonne nur scheinbar bewegt, aber die Erde es ist, die sich um ihre eigene Achse dreht. Diejenigen, die das zuerst erkannt und veröffentlicht haben, wurden verfolgt und sogar als Ketzer verbrannt, weil es das Weltbild der Kirche zum Einsturz brachte. Das spätere Erkennen dieses Zusammenhanges und die wissenschaftlichen Beweise haben zwar dazu geführt, dass keiner mehr verfolgt wurde, aber eine Änderung des Weltbildes der Kirche erfolgte nicht.

Ein weiteres Beispiel von Schein und Wirklichkeit ist das richtige Verhältnis von **Kälte und Wärme** auf der Erde. Die Kälte ist scheinbar unabhängig von der Wärme, weil sie sich immer dann ausbreitet, wenn die Wärme fehlt. Aber das ist so nicht richtig. Die Kälte ist an die Wärme gebunden, weil sie die Wärme braucht, um existieren zu können. Das ist für euch schwer zu verstehen, weil ihr es anders erlebt. Die Wärme ist eine Anreicherung von Energie, die bis zur Unendlichkeit steigerbar ist. Die Kälte hingegen ist es nicht. Sie hat einen absoluten Tiefpunkt, den ihr auch errechnet habt. Zwischen dem Wärmevolumen und dem Kältevolumen besteht ein Gleichgewicht, das immer wieder hergestellt wird, um das Werden und Wachsen auf der Erde zu ermöglichen. Eure Vorstellungen von Wärme und Kälte werden beeinflusst von eurer stabilen Körpertemperatur, weil ihr immer dann Kälte empfindet, wenn die Raumtemperatur innen und außen sinkt und ihr zu frieren beginnt. Mit dem Verhältnis von Wärme und Kälte hat das aber nichts zu tun.

Ein weiteres Beispiel betrifft das **Verhältnis von chemischen und physikalischen Veränderungen**. Es scheint so, als ob beide Prozesse unabhängig voneinander ablaufen können. Das ist aber grundsätzlich falsch. Jeder physikalische Prozess ist gleichzeitig auch ein chemischer Prozess, weil es in beiden Fällen immer um die Veränderung der Molekularstruktur geht, egal ob es eine bloße Ortsveränderung oder ein scheinbar unsichtbarer autonomer Prozess ist. Das müsst ihr immer im Zusammenhang betrachten, da ihr sonst zu falschen Erkenntnissen kommt. Das ist so zum Beispiel bei der Erforschung des Volumens der Erde. Das ist ein ständiges Wechselverhältnis von Anreicherung und Entleerung, so dass sich das Volumen durch chemische Prozesse ständig verändert.

Als letztes Beispiel sei die scheinbare Vorstellung angeführt, **dass das individuelle Leben von äußeren Dingen bestimmt sei**, da sich der Mensch nur von äußeren Dingen ernähren könne. Das ist zwar richtig, ist aber so nicht haltbar, da das Äußere nicht allein wirken kann. Erst durch die Umwandlung im Inneren kann das Äußere wirksam werden. Der Mensch kann auch Gedanken von außen nur verstehen, wenn im Inneren die Bedingungen zur Umwandlung vorhanden sind. Das könnt ihr auch leicht erkennen, wenn euch jemand in einer anderen Sprache anspricht, die ihr nicht gelernt habt, dann könnt ihr das nicht verarbeiten.

Damit will Gott euch gesagt haben, dass ihr immer den Schein akzeptieren sollt als Begleiter der Wirklichkeit, den Schein aber nie für die Wirklichkeit halten sollt.

Frage an Gott: Gott gebraucht die Bezeichnungen Mächte der Finsternis und Mächte der Zerstörung. Wie definiert Gott den Unterschied?

Gott antwortet: *„Die Mächte der Finsternis sind diejenigen, die an einer immerwährenden Machterhaltung auf Kosten der kapitalen Gegebenheiten der Natur interessiert sind. Sie lassen keine Veränderungen zu und bekämpfen als eine geistige, materielle und menschliche Kraft jeden Widerstand der Mächte der Vernunft. Die Mächte der Zerstörung sind diejenigen unter den Mächten der Finsternis, die unter allen Umständen die Schöpfung vernichten wollen, selbst auf die Gefahr des eigenen Untergangs."*

Frage an Gott: Warum finden wir dann im Gebet Gottes die Formulierung *„Gott schützt mich und reinigt mich von allen dreisten Versuchen der finsteren Mächte"* und nicht *„Mächte der Zerstörung"*?

Gott antwortet: *„Das ist so zu verstehen: Wenn Gott euch vor den finsteren Mächten schützt, dann ist der Schutz vor den Mächten der Zerstörung inbegriffen."*

Das menschliche Leben als eine
Sonderform des Seins

Das menschliche Leben auf den bewohnten Planeten ist keine Normalität des Seins. Dass es Leben gibt, ist eine normale Erscheinung, aber das Leben mit der Möglichkeit, in Gottes Schöpfung einzugreifen, ist es nicht. Eine dieser Möglichkeit des Eingreifens ist das Schöpfertum des Menschen. Gott will daraus erkennen, ob die Menschen ihre geistigen Kräfte sinnvoll nutzen, um auch ohne eine enge Bindung an Gott, Gutes vollbringen zu können. Dieses Experiment Gottes ist auch insoweit gelungen, indem die Menschen über viele Jahre tausende gute Verbesserungen geschaffen haben, die ihr Leben erleichtert haben. Das hat Gott mit Freude beobachtet. Das zeigt, dass die Menschen in der Lage sind, aus den Bedürfnissen des täglichen Lebens heraus, vernünftig mit ihren geistigen Kräften umzugehen. Das sollte auch in Zukunft so sein, weil die Zukunft nur auf diese Weise gesichert werden kann.

Was die Kehrseite dieses Schöpfertums betrifft, hat Gott euch bereits mehrfach gezeigt. Dazu bedarf es keiner weiteren Erläuterungen. Was euch Gott jetzt sagen will, betrifft eure körperliche Daseinsweise. Über euren Körper als ein göttliches Geschenk, hat euch Gott bereits an anderer Stelle aufgeklärt. Jetzt sollt ihr erfahren, wie Gott euren Körper verändern wird, damit ihr in der Lage seid, die neuen Aufgaben bewältigen zu können.

Was sind das für neue Aufgaben?

Die **Verbindung zu Gott** werden viele Menschen wieder erneuern müssen. Das ist deshalb notwendig, damit die geistigen Kräfte nicht wieder zur Vernichtung der Menschen missbraucht werden können. Deshalb wird Gott den Menschen diese Möglichkeit entziehen. Das geschieht durch eine Einschränkung des freien Willens durch die

Stärkung des Gewissens. Die Menschen werden weiter ihre Entscheidungen zwischen Gut und Böse abwägen können, aber sie werden diese Entscheidungen nicht mehr gegen die Interessen anderer Menschen durchsetzen können. Das unterscheidet die Neue Zeit von der jetzigen Zeit. Dadurch können alle geistigen Kräfte ausschließlich auf die Verbesserung des Lebens ausgerichtet werden. Dazu bedarf es aber der Zeitspanne einer Generation. Alle die Menschen, die jetzt geboren werden, werden Kinder der Neuen Zeit sein. Jedes Kind bekommt bereits jetzt von Gott in sein Unterbewusstsein diese Veränderung verliehen, damit es keine Gewalt gegen andere Wesen anwenden kann. Das ist die entscheidende körperliche Veränderung, die Gott bewirken wird.

Auch werden sich die Menschen in ihrem Verhalten zu den Tieren ändern, denn Gott wird den Menschen ihren ursprünglichen Instinkt wieder geben, damit sie Ekel empfinden vor dem Blut der Tiere. Alle Tiere erfahren dann wieder die Achtung als Kinder Gottes. Das wird dazu führen, dass eine Generation von Menschen heran wächst, die gesund bleibt und eng mit der Natur verbunden ist. So werden auch die Völker ein anderes Verhältnis zueinander gewinnen, weil die Aggressivität, die sich aus dem Fleischverzehr ergibt, ausbleibt. Das wird die Wende auf allen Ebenen des menschlichen Zusammenlebens sein. Daraus ergeben sich viele weitere Veränderungen, die heute noch nicht absehbar sind.

Eine der wesentlichsten Einschnitte im Leben der Menschen wird sich aus der neuen **Rolle des Geldes** ergeben. Die Menschen werden noch für lange Zeit das Geld benötigen, aber es wird keine Macht mehr haben, da es nicht gehortet werden darf und damit keine Zinsen mehr erwirtschaftet werden können. Das bricht die Macht des Geldes. Das Geld hat lediglich noch die Aufgabe, wirkliche Leistungen zu vergüten und Tauschmittel für Waren zu sein. Alles Gold hat keinen Wert mehr. Es dient als Rohstoff für die Produktion.

Das weitere Geschehen auf der Erde verfolgt Gott mit viel direktem Eingreifen in die unmittelbaren Beziehungen der Menschen zu ihren Mitmenschen, damit kein Mensch mehr einem anderen Menschen Schaden zufügen kann. Es werden deshalb viele einzelne Bindungen der Menschen aufgelöst werden, aus denen sich Gewalt gegen andere Menschen ergeben hätte. Wie Gott das macht, ist für den einzelnen Menschen noch nicht erkennbar. Deshalb solltet ihr alles daran setzen, euch mit dem Gebet Gottes in Gottes Nähe zu bringen, damit ihr gereinigt werdet und Gott euch als Diener Gottes erkennt.

Das darfst du allen deinen Anhängern mitteilen.

Auf der Erde beginnen jetzt die großen Veränderungen. Vor allem werden diejenigen in die Veränderungen einbezogen, die sich mit Gott nicht verbunden haben. Das beginnt mit Veränderungen in ihrem jetzigen Umfeld. Vieles wird mit einer höheren Energie angereichert. Dadurch werden die bestehenden Verbindungen pauschal aufbrechen und instabil werden. Auf diese Menschen kommen jetzt schwere Zeiten zu, weil sie diese Veränderungen nicht verstehen können. Über eine ganze Zeit scheint es so, als ob Vieles nicht mehr funktioniert. Das wird sich erst dann ändern, wenn die Veränderungen als Zeichen Gottes verstanden werden endlich umzukehren. Dann können auch die Menschen, die bereits jetzt eng mit Gott verbunden sind, auf diese Menschen zugehen. Dann wird die wirkliche Umkehr beginnen. Das ist eine innere Umkehr der Menschen zur Vernunft und Nächstenliebe. Auch sollt ihr versuchen, die schönen Seiten dieser Veränderungen zu erfassen, denn es wird alles gesäubert und dadurch rein. Die tiefe Liebe, die Gott zu allen Menschen wirklich hat, wird sichtbar werden. Das wird alles über das neue Bewusstsein gesteuert, das die Menschen erreichen werden, wenn die Zeit dafür gekommen ist. In der jetzigen Zeit eures Daseins sind die Bedingungen noch nicht gegeben. Gott wird die Bedingungen jetzt verändern, damit ihr die Möglichkeit habt, euer Bewusstsein zu vervollkommnen.

Wie will Gott das erreichen?

Ihr werdet in eine höhere Schwingung versetzt. Diese Erhöhung wird durch eine Veränderung der Umlaufgeschwindigkeit der Erde um die Sonne erreicht, die durch ein gewaltiges Erdbeben ausgelöst wird. Dieses Beben wird zu einem Umdenken führen, weil es viele Menschenleben fordern wird. Welche wirtschaftlichen Folgen dieses Beben haben wird, ist gegenwärtig noch nicht zu erkennen. Aber auch diese werden sehr groß sein. Auch die Menschen in Europa werden davon betroffen sein, aber in geringerem Maße. Vor allem werden *die* darunter leiden, die eng mit Amerika verbunden sind. Das betrifft vor allem die Rüstungsindustrie und die Autoindustrie. Viele Menschen werden ihre Arbeit verlieren und von den Herrschenden eine Wende in der Politik verlangen, damit sie überleben können.

Eine entscheidende Veränderung erfolgt mit der Vernichtung der Kriegstechnik im Zuge der Veränderungen im Finanzsystem. Die notwendigen Mittel sind einfach nicht mehr da, um diese Ausgaben bestreiten zu können. Deshalb werden die Vertreter der Rüstungsindustrie versuchen, Kriege vom Zaun zu brechen, um einen künstlichen Bedarf zu schaffen. Das verschärft die gesamte Situation und wird die Menschen noch mehr auf die Seite der Vernünftigen ziehen. Alles entwickelt sich in Richtung der eigentlichen Bestimmung (Gott gebrauchte hier den Begriff „...in Richtung der großen Determination...") der Menschheit. Kaum eine Situation, die nicht von dieser Veränderung erfasst wird. Vor allem werden es *die* Menschen spüren, die sich weigern, diese Veränderungen anzuerkennen. In ihrem Denken werden sich solche Kämpfe abspielen, dass sie meinen, sie würden in einer anderen Welt leben. Das kann zu sehr schmerzhaften Zuständen führen, die sich auf den ganzen Körper ausdehnen können. Je mehr diese Menschen leiden, desto mehr werden sie in ihrem Bewusstsein zu der Einsicht geführt, dass ihr Denken und Handeln falsch ist. Dieser Prozess ist wirklich notwendig, weil sich Gott nicht länger mit den falschen Darstellungen der Wirklichkeit

Gottes abfinden kann. Es gibt zu viele falsche Darstellungen von Gottes Wirklichkeit, die die Menschen daran hindern, einen richtigen Weg einzuschlagen. Deshalb wird Gott auch in viele Lügennetze eingreifen müssen.

Was könnt ihr selbst tun, um diese Aufgaben zu verwirklichen?

Viele Menschen wollen eine Veränderung der bestehenden Verhältnisse. Deshalb verhalten sie sich auch sehr vernünftig und würdevoll in ihrem geistigen Gebaren. Das müsst ihr ausnützen, weil dadurch die Sache richtig ausgestaltet werden kann. Was die einzelnen Menschen wirklich wollen, ist Sicherheit in ihren Lebensverhältnissen, vor allem die Sicherheit der Nahrung und des Wohnens. Das ist aber zunehmend in Gefahr. Deshalb müsst ihr dort ansetzen, wo die Menschen die größte Gefährdung ihrer Existenz erkennen. Auch die richtige Verteilung der Existenzmittel an die Menschen wird zunehmend eine Rolle spielen, weil diese Verbindungen unterbrochen werden können durch die einsetzenden Katastrophen. Das kann zu großen Ereignissen führen, wie zum Beispiel die Wanderung der Menschen an die Stellen, wo es Nahrung gibt. Die Menschen werden auch versuchen, die Vorräte zu plündern, weil sie Hunger haben. Diese Unruhen, die ausbrechen, werden die Herrschenden nicht kontrollieren können, weil sie mit sich selbst und ihrer Machterhaltung beschäftigt sind. Die Normalisierung des Lebens wird nur durch eine strenge Organisation der Lenkung der Nahrungsmittel erreicht werden. Das ist eure Aufgabe, die Aufgabe *der* Menschen, die in diesem Durcheinander den Überblick behalten werden. Die Mächte der Vernunft haben jetzt die Chance, das Leben für alle Menschen zu organisieren und dadurch das Vertrauen zu gewinnen, das sie benötigen, um die Herrschaft der Mächte der Finsternis zu beenden.

Für euch als die Diener Gottes werden jetzt neue Aufgaben erwachsen. Reichtum und Macht werden immer noch eine große Rolle spielen, aber ihr habt durch das Gebet Gottes die Möglichkeit, die Menschen zur Umkehr zu bewegen. Dieses Gebet wird Gott zunehmend mit Energie anreichern, so dass ihr einerseits immer mehr geschützt seid und auf der anderen Seite immer mehr Kraft erhaltet, um gesund und stark im Geist die vielfältigen Aufgaben zu erfüllen. Unter den zahlreichen Anhängern, die sich euch jetzt anschließen werden, können auch solche sein, die sich eine aussichtsreiche Verbindung zu den neuen anerkannten Leitern der Bewegung versprechen. Diese müsst ihr sofort ausschließen, da sie euch wenig Nutzen bringen und der Bewegung schaden. Auf alle anderen könnt ihr bauen.

Wenn die Zeit gekommen ist, da Gott euch in eure neuen Aufgaben einweisen wird, werdet ihr genügend Anhänger haben, um diese zu erfüllen. Dann beginnt die Zeit des Kampfes und der Erneuerung. Ihr werdet es noch erleben und das Glück der Menschen genießen können.

Frage an Gott: Wie können wir uns die Anreicherung des Gebets Gottes mit Energie vorstellen?

Gott antwortet: *„Das geschieht durch eine Frequenzerhöhung des Gebets. Das Gebet an sich hat bereits eine nicht messbare Energie. Aber innerhalb des Gebets gibt es Sätze, die euch besonders schützen. Das ist der Satz von dem Schutz vor den Mächten der Finsternis und der Satz von den schwierigen Situationen. Diese werden so verstärkt, dass euch nichts geschehen wird. Auch der Satz von der Ewigkeit der Liebe zu Gott wird verstärkt werden, weil er euch die Kraft verleihen wird für die Erfüllung eurer Aufgaben. Das könnt ihr nicht fühlen, aber erleben. Das geschieht in den nächsten drei Jahren."*

Die Seiten der Neuen Zeit

Dieses Kapitel soll euch zeigen, wie die Neue Zeit aussehen wird. Pflöcke werden gesteckt, die das kommende Territorium eingrenzen werden, wie Gott es will. Dann wird es keine Kriege mehr geben und auch keine Vernichtung von Menschen, weil es keinen Grund mehr geben wird, Menschen zu töten.

Die Pflöcke, die Gott setzen wird, werden die Territorien vereinigen. Es werden keine Grenzen mehr sein, weil diese nicht mehr notwendig sind. Die Menschen werden erkennen, dass das Zusammenleben nur auf der Basis von Liebe und Nächstenliebe erfolgen kann. Das wird die Menschen zu Gott führen und auch die Prioritäten verschieben, nach denen die Menschen leben wollen. Liebe und Nächstenliebe müssen aber erst wieder erlernt werden, weil diese göttlichen Eigenschaften durch die finsteren Mächte verdrängt wurden. Das war eine schwere Zeit für all *die* Menschen, die bereits jetzt Gott gefolgt sind und Gottes Gebote beachtet haben. Sie haben die geistigen Werte auf einem solchen Niveau gehalten, dass es euch jetzt nicht schwer fällt, diese zur Grundlage eures Handelns zu machen. In Zukunft werdet ihr diese Werte noch weiter ausgestalten, weil ihr sie mit Leben erfüllt und die Erfahrungen eures Lebens in diese Werte einfließen lasst. Das wird die eigentliche Umkehr der Menschen sein, weil ihr jetzt erkennt, dass ihr euren Geist befreit habt.

Diese geistige Befreiung ist das, was Gott für euch bestimmt hat. Deshalb werdet ihr euch mit den Mächten der Finsternis auf eine ganz andere Art und Weise auseinandersetzen können. Sie werden keine Macht mehr über euch haben, weil ihnen die materielle Basis fehlt. Dadurch können ihre zerstörenden Energien viel leichter aus den Menschen getrieben werden, die ihnen wieder verfallen wollen.

Welche Motive werden die Menschen bewegen, wenn die Gier nach Besitz und Macht aus der Gesellschaft verschwunden ist?

Das ist eine zentrale Frage, die ihr all denjenigen beantworten müsst, die nun meinen, nichts mehr tun zu müssen, weil das Schlaraffenland gekommen sei. Das entscheidende Motiv wird das Streben nach Sicherheit der eigenen Existenz sein. Dieses individuelle Bestreben ist aber eingebunden in das Bestreben nach Sicherheit für alle Menschen. Jeder achtet darauf, dass es keinem schlecht ergeht und keiner sich mehr an der Arbeit des anderen bereichert. Das ist das Ende der Ausbeutung des Menschen durch andere Menschen. Das haben schon viele eurer Gelehrten als Ziel der Menschheit erkannt und dafür gekämpft. Die Menschheit wurde aber in eine andere Richtung gelenkt. Das war notwendig, damit ihr erkennen konntet, wohin euch die finsteren Mächte treiben werden. Ohne diese Erfahrung hättet ihr euch nicht befreien können und wäret immer wieder in diese Fallen getappt.

Die weiteren Seiten der Neuen Zeit werden bestimmt von den **Funktionen der Erhaltung des Friedens** zwischen den Völkern. Diese Aufgabe ist anfangs noch mit den Mitteln der Gewalt zu sichern. Das ist notwendig, weil die Mächte der Finsternis versuchen, einzelne Völker zur Rebellion zu bewegen. Das muss verhindert werden. Im Laufe der Zeit aber werden die Waffen nicht mehr gebraucht und können verschrottet werden. Dann ist die Ordnung mit unbewaffneten Freiwilligen aufrecht zu erhalten. Diese wechseln sich ständig ab, weil jeder seinem Beruf nachgehen will. Die Menschen werden in dieser Sicherheit immer freier und aufgeschlossener gegenüber ihrem Nächsten. Die Lüge verschwindet dadurch immer mehr aus den zwischenmenschlichen Beziehungen. Das ist dann der Zeitpunkt, wo Gott den Menschen die freie Verfügung über die Geheimnisse der Quantenphysik anvertrauen kann. Das ist vor allem die Beherrschung des Lichts als Antriebsstoff. Das konnte Gott den Menschen bisher nicht erlauben, solange sie alle wissenschaftlichen Erkenntnisse zuerst für die Vernichtung benutzt haben.

Eine weitere Seite der Neuen Zeit ist die **Umgestaltung der Kapazitäten des Gehirns**. Das Gehirn des Menschen hatte bisher seine Kapazitäten nur unzureichend nutzen können, weil die Seele zu viel Schmutz aufnehmen musste. Diese Belastung verkürzt das Leben. Wenn die volle Kapazität dazu benutzt wird, um nur Böses zu tun, wird die Kapazität der Seele als Schmutzfänger viel früher ausgeschöpft. Das führt dann auch zu einem früheren Verlassen der Seele aus dem Körper. Das bedeutet, dass der Mensch frühzeitig sterben muss.

Die volle Ausschöpfung der Fähigkeiten des Gehirns teilt Gott in verschiedene Phasen ein.

Die **erste Phase** ist die Fähigkeit zum wirklichen Erkennen der Zusammenhänge. In dieser Phase werden die Menschen viel schneller die Konsequenzen aus ihren Handlungen erkennen können. Das bewirkt, dass das individuelle Fehlverhalten abnimmt. Dadurch werden die Beziehungen zu den anderen Wesen viel sauberer und weniger von Vermutungen überschattet.

Die **zweite Phase** beginnt mit der Erleuchtung der Menschen hinsichtlich ihres kosmischen Seins. Das bedeutet, dass die Menschen sich ihrer Verantwortung gegenüber ihren kosmischen Brüdern und Schwestern bewusst werden. Das beginnt bei der Erhaltung der Schöpfung der Erde und endet bei der Mitwirkung am kosmischen Plan Gottes, die Verbindung zu allen Planeten des Universums herzustellen.

Die **dritte Phase** betrifft die Verbindung zu allen Seelen der Menschen. Diese Seite des Wirkens Gottes in euch war bisher nur wenigen Menschen gewährt worden, weil das absolute Reinheit erfordert. Die wenigsten Menschen waren frei von Anfeindungen der finsteren Kräfte, um dieses Geschenk auch richtig zu würdigen. In der jetzigen Phase der absoluten Reinheit werden immer mehr

Menschen auf diese Fähigkeit bauen können. Das hat zur Folge, dass sich die Menschen intuitiv über ihre Seele verständigen können, ohne Hilfsmittel verwenden zu müssen. Sie sind dadurch in der Lage, breite Zusammenhänge erfassen zu können. Über das Unterbewusstsein werden die Gedanken wahrgenommen und entschlüsselt, die jetzt noch unerkannt bleiben.

Diese **letzte Phase** ist das Ziel der göttlichen Bestimmung, weil dann alle Menschen zu Gott gefunden haben. Gott wird sich dann von der Erde und den Menschen vorrübergehend zurückziehen, weil die direkte Einflussnahme Gottes nicht mehr erforderlich ist. Die Vernunft bestimmt das Handeln aller Menschen. Die Erde wird dann als Beispiel für die Menschen auf allen Planeten ihrer Bestimmung gerecht werden. Das hat Gott so gewollt. Die Menschen der Erde werden aber auch dann ihren Planeten nicht verlassen können, weil sie das auch nicht wollen. Die Vernunft gebietet ihnen, diese Versuche zu unterlassen.

Gott hat den Menschen eine Bestimmung gegeben. Diese Bestimmung ist nun erfüllt. Deshalb kann Gott die Menschen dieser Bestimmung überlassen ohne die Gefahr eines Rückfalls in die alten Zeiten. Deshalb kann Gott seine Aufmerksamkeit von der Erde wenden, ohne die Erden aus seiner Obhut zu entlassen.

Merkmale eurer eigenen Veränderung auf dem Weg in die Neue Zeit

Auf dem Weg in die Neue Zeit werdet ihr an euch selbst Veränderungen bemerken, die euch noch bis jetzt in keiner Weise aufgefallen sind. Das kommt wirklich als allmähliche Verbesserung aller eurer Lebensbedingungen. Viele glauben, dass alles so bleibt und alles so weitergehen wird. Aber das ist ein Irrtum, weil es nicht so bleiben kann. Stellt euch einmal vor, es würde wirklich alles so bleiben. Die Erde würde in weniger als vier Generationen ausgestorben sein. Ihr erkennt die Gefahr nicht, die von den Mächten der Zerstörung ausgehen. Diese Mächte wollen das auch nicht, aber ihr ganzes Tun wird dazu führen, dass sich die Menschen nicht mehr richtig ernähren und fortpflanzen können.

Wie kann das in einer so kurzen Zeit geschehen, wo doch die Menschen Jahrtausende überlebt haben?

Die Überlebenschancen der Menschen können von heute auf Morgen vernichtet werden. Eine einzige eurer Atombomben kann zu einer Massenvernichtung führen. Stellt euch das nicht zu einfach vor. Die Erde ist auf Jahrhunderte verseucht und unbewohnbar, weil es nicht bei einer Atombombe bleiben wird. Diejenigen, die damit spielen, glauben, ihre Aktionen begrenzen zu können. Aber einmal begonnen, werden die angegriffenen Völker mit doppelter Kraft zurück schlagen. Diese Schläge vernichten auch benachbarte Völker. Gleichzeitig wird eure Atmosphäre verseucht. Der Sauerstoffgehalt der Atemluft verringert sich und lässt kein menschliches Leben mehr zu. Das ist die größte Gefahr.

Die weiteren Gefahren ergeben sich aus der Möglichkeit, die technischen Errungenschaften zur Vernichtung einzusetzen. Ihr entwickelt Waffen, die die Atmosphäre verändern, dazu Waffen, die ganze Landstriche durch chemische Stoffe unbewohnbar machen. Wer das verantwortet hat das Recht verwirkt, auf der Erde zu herrschen.

Deshalb muss Gott eingreifen, um eine solche Entwicklung zu verhindern. Das ist erst einmal das, was nicht geschehen darf.

Nun wird euch Gott aufklären, wie sich allmählich eure innere Struktur verändern wird.

Eure körperliche Hülle ist ein Geschenk Gottes, die dazu dient, eurem Geist eine Möglichkeit zu geben, sich zu entäußern. Der Geist wird sich sehr schnell auf die neuen Bedingungen einstellen können, der Körper aber nicht. Seine Veränderungen geschehen langsamer, weil das verdichtete Materie ist. Die Veränderungen im Geistigen werden sich vor allem auf die Nutzung des Unterbewusstseins beziehen. Gott hat euch bereits an anderer Stelle gesagt, dass sich allmählich die Schranke zwischen Bewusstsein und Unterbewusstsein auflösen wird und dadurch die gesamten Möglichkeiten des Gehirns genutzt werden können. Das ist ein gewaltiger Fortschritt und macht euch frei von den Kräften der Finsternis. Diese können sich nicht mehr unbemerkt im Geist festsetzen und auch nicht unbemerkt von meinem Nächsten. Das sieht zum Beispiel so aus, dass ein Hassgedanke sofort von meinem Nächsten erkannt wird.

Eure Gehirnzellen werden sich nicht mehr teilen müssen, weil eure körperliche und geistige Nahrung gesund ist. Das Leben bekommt seinen eigentlichen Sinn zurück. Endlich kann der Mensch entsprechend seiner göttlichen Bestimmung sein Leben gestalten.

Wir wollen jetzt auf das kommen, was die innere Struktur im Einzelnen ausmacht.

Könnt ihr euch vorstellen, einmal an einem Ort zu sein und gleichzeitig an einem anderen? Mit Sicherheit nicht, weil ihr es nicht gelernt habt und es auch nicht anders kennt. Aber in euren Phantasien habt ihr es euch schon oft gewünscht. Auch in euren Märchen habt ihr diese Phantasien ausgelebt. Das bedeutet, dass die Realität bereits in eurem Unterbewusstsein gespeichert ist. Wenn sich Bewusstsein und Unterbewusstsein vereinigen und alles erfasst werden kann, was in eurem geistigen Speicher vorhanden ist, dann könnt ihr euch auch dorthin begeben, wo es notwendig ist. Dieses Entmaterialisieren und Materialisieren ist eine Transformation von Materie in einer veränderten Form, wie ihr sie bei Insekten erleben könnt. Aus einer Raupe entsteht ein Schmetterling. Das ist eine materielle Transformation, die sehr lange dauert. Aus Materie wird ein anderes materielles Gebilde. Das ist in der Natur eine Umwandlung, wie sie bei vielen Arten anzutreffen ist. Dem liegt für diese Umwandlung ein göttlicher Plan zugrunde. Jetzt wird es bei euch Menschen eine Möglichkeit der Transformation geben, die ihr selbst bestimmen könnt. Aber im Gegensatz zu den Arten in der Natur wird es keine Umwandlung von einer Form in eine andere, sondern eine Transformation des gleichen Menschen in den gleichen Menschen sein.

Wie soll das geschehen?

Nehmen wir einmal an, an einem bestimmten Ort werden irgendwelche Veränderungen erfolgen, die über höhere Verbindungen mit der geistigen Welt gestaltet werden müssen. Das sind Verbindungen, wie sie jetzt auch bereits bestehen, die ihr aber nicht entschlüsseln könnt, weil Gott euch dazu noch nicht den Zugang erlaubt hat. Aber in der Neuen Zeit werden es immer mehr Menschen sein, denen Gott den direkten Zugang ermöglicht. Dann wird es so sein, dass Gott Menschen beauftragt, in eine Verbindung einzugreifen, deren Entwicklung gestoppt oder verändert werden muss. Ebenso wie Gott im Universum Helfer Gottes beauftragt, Korrekturen vorzunehmen, wenn dies für die Entwicklung des Gesamtsystems notwendig ist, ebenso beauftragt nun Gott Menschen auf der Erde, solche Korrekturen an Ort und Stelle vorzunehmen. Da das oft sehr schnell erfolgen muss, werden Menschen befähigt, sich zu transformieren. Diese Menschen gehen in diese Verbindung mit ihrem ganzen Sein und bitten Gott, diese Transformation vorzunehmen. Dann bringt Gott die Matrix dieses

Menschen als eine Kopie des Originals an den Ort des Eingreifens und materialisiert diese Matrix innerhalb weniger Augenblicke. Es existieren dann in diesem Moment zwei Menschen einer Matrix, die an zwei Orten unterschiedlich handeln, aber weiter ein Bewusstsein und ein Unterbewusstsein besitzen. Wenn die Aufgabe erledigt ist, erfolgt sofort die Entmaterialisierung der Kopie durch Gott. Gott sagt euch das, auch wenn ihr das mit eurem Verstand noch nicht erfassen könnt.

Frage an Gott: Wir haben bereits jetzt Verkehrsverbindungen, die es uns zum Beispiel ermöglichen, mit dem Flugzeug in zwölf Stunden jeden Punkt der Erde zu erreichen. Wir haben Satellitenübertragungsmöglichkeiten, mit denen nahezu jeder Mensch, mit dem ich mich auf der Erde verbinden will, zeitgleich erreicht werden kann, um Fehlentwicklungen sofort zu verhindern usw. In der Neuen Zeit werden diese Möglichkeiten sicher noch weiter optimiert. Weshalb ist es dann noch notwendig, die Matrix eines Menschen an einem anderen Ort der Erde zu materialisieren?

Gott antwortet: *„Das ist eine interessante Frage, die aber nur gestellt werden kann, wenn man die Bedingungen, in denen die Menschen in der Neuen Zeit leben, noch nicht kennt. In der Neuen Zeit verlaufen viele Prozesse schneller und komplexer. Deshalb haben auch kleine Fehlentwicklungen eine größere Wirkung, die sofort unterbunden werden müssen. Diese Veränderungen können nicht durch die Menschen eingeleitet werden, die diese Fehlentwicklung verursacht haben."*

Frage an Gott: Gibt es dann zwei Seelen?

Gott antwortet: *„Die Seele ist in beiden Körpern vorhanden, aber nicht geteilt."*

Auch die weiteren Veränderungen sind nur zu verstehen, wenn ihr begreift, dass es diese Schranke zwischen Bewusstsein und Unterbewusstsein nicht mehr gibt.

In der Neuen Zeit wird es Menschen geben, die sich untereinander durch freie, tiefe, unbewusste Verbindungen verständigen können. Das sind sogenannte **Retromedien**. Das sind Verbindungen, die sich aus der Resonanz der Aufgaben ergeben, die diese Menschen zu erledigen haben. Welche Menschen das sind, ist nicht vorhersehbar, weil es von der Aufgabe abhängig ist, die diesen Menschen übertragen wurde. Aber wenn diese Aufgabe in Angriff genommen wird, dann wird es eine Verbindung zwischen dem Unterbewusstsein dieser Menschen geben, die ihre Leistung in dem Maße potenziert, wie intensiv alle Beteiligten um das Ergebnis ringen. Das erhöht das geistige Potential in einem rasanten Tempo.

Das nächste mentale Problem besteht in der **Wahrnehmung der eigenen geistigen Signale**. Bisher konnten die Menschen die „Gespräche" zwischen Körper und Geist nicht mithören, weil es diese Schranke gab. Jetzt werden diese Signale auch vom Bewusstsein erfasst. Das bedeutet, dass alles, was dem Körper schadet, sofort korrigiert werden kann. Das hat große Auswirkungen auf das Ernährungsverhalten der Menschen sowohl in materieller als auch in geistiger Form. Da das Gehirn keine Giftstoffe verträgt, die die Gehirnzellen zur Teilung zwingen, wird das dem Bewusstsein sofort übermittelt, wenn der Mensch versucht, solche Giftstoffe aufzunehmen, die als solche nicht erkennbar sind.

Du kennst bereits diesen Zusammenhang. Wenn du (gemeint ist der Autor) die geistige Welt nach der Verträglichkeit von Lebensmitteln fragst, die du beabsichtigst zu dir zu nehmen, dann geben dir die Helfer Gottes sofort die richtige Antwort, weil sie die Verträglichkeit der Frequenz dieses Lebensmittels sofort erfassen und an dein Unterbewusstsein weiterleiten. Da du mit den Helfern Gottes kommunizieren darfst, bekommst du diese Information sofort in deiner Sprache übermittelt. Das geschieht auch, wenn du diese Informationen für andere abrufst.

Ihr könnt jetzt erkennen, wie wichtig diese offene Verbindung für die Gesundheit eurer Körper ist. Deshalb werden die Menschen in der Neuen Zeit allmählich ihre volle Lebenszeitspanne erreichen.

Es gibt noch weitere Veränderungen in diesem Bereich, so in den zwischenmenschlichen Beziehungen, in den Glaubensbekenntnissen zu Gott, in dem freien Willen und auch in dem geschlechtlichen Zusammenleben. Aber das ist für euch noch weniger zu verstehen. Das wird Gott zu einem späteren Zeitpunkt einem Menschen mitteilen.

Frage: Ich verstehe Gott so, dass dieser Mensch nicht ich sein werde?

Gott: *„Das ist richtig. Da das noch viele Jahre dauern wird, bis diese Zusammenhänge für die Menschen von Bedeutung sein werden, wirst du bereits wieder auf der Erde sein, um in der Neuen Zeit wirken zu dürfen."*

Die Rolle des Bewusstseins zu Beginn der Neuen Zeit

Das Bewusstsein eines Menschen ist sein wichtigstes Instrument, um das Sein widerzuspiegeln. Diese Art der Widerspiegelung hat Gott dem Menschen gegeben, damit er sich in seiner Umgebung zurecht finden kann. Aber diese Art der Widerspiegelung erfasst nur die Erscheinung, aber nicht das Wesen. Dazu bedarf es des Gehirns, das die Erscheinung nach den Ursachen und Zusammenhängen hinterfragt, die sich hinter den Erscheinungen verbergen. Das Bewusstsein ist aber nur eine Seite der Wahrnehmung des Seins. Es gibt noch eine andere Form, das Sein zu erfassen. Das ist das Unterbewusstsein.

Das Unterbewusstsein erfasst alles, von der Erscheinung bis zum Wesen. Das muss so sein, weil sich das Gehirn aus dem Unterbewusstsein die Informationen über das Wesen der Erscheinungen holt. Das ist für viele eurer Wissenschaftler vielleicht nicht ganz nachvollziehbar, weil sie meinen, dass das Wesen eine objektive, vom Bewusstsein unabhängige Seite des Seins sei. Das ist auch so. Aber das Erfassen des Wesens erfolgt nur über das Unterbewusstsein. Nur wenn das Unterbewusstsein die Zusammenhänge erfasst hat, können diese ins Bewusstsein gelenkt werden. Die Verbindung zwischen Bewusstsein und Unterbewusstsein ist die Grundlage für das Denken an sich.

Wie erfolgt diese Verbindung?

Zuerst nimmt das Bewusstsein eine Erscheinung wahr. Das erfolgt in Bruchteilen von Sekunden. Gleichzeitig analysiert das Unterbewusstsein alles, was sich um diese Erscheinung gruppiert und filtert die wesentlichen Dinge heraus. Das ist deshalb so, weil das Bewusstsein sofort die Impulse zum Handeln aussenden muss, während das Unterbewusstsein die Zusammenhänge in der Großhirnrinde verarbeiten muss. Wenn jetzt das Bewusstsein eine Entscheidung vorbereitet, die der Verstand nicht akzeptiert, dann werden aus dem Unterbewusstsein die wesentlichen Zusammenhänge ermittelt, die zur Entscheidung führen werden.

Wir wollen das an einem Beispiel erläutern.

In einer beliebigen Gefahrensituation soll blitzschnell eine Entscheidung gefällt werden. Das Bewusstsein erkennt die Gefahr und will zur sofortigen Abwehr die notwendigen Schritte einleiten. Diese Schritte sind aber nicht wirksam genug, deshalb werden sie vom Verstand nicht akzeptiert. Der Verstand verbindet sich mit dem Unterbewusstsein, und das Unterbewusstsein gibt jetzt die Zusammenhänge frei, die das Bewusstsein für eine richtige Entscheidung benötigt.

Auch ein anderes Beispiel soll das noch deutlicher machen. Laut einem Gutachten bekommt ein Mensch die Diagnose, dass er an Krebs erkrankt sei. Die erste Reaktion des Betroffenen ist Panik. Er fängt sofort an, alle möglichen Verfahren zu studieren, um eine Heilung zu ermöglichen. Diese vom Bewusstsein gesteuerte Reaktion führt aber nicht zur Heilung, sondern zur kausalen Verkettung aller möglichen Varianten einer Behandlung der Krankheit. Das Unterbewusstsein hat schon längst die Ursache erkannt, die den Krebs hat entstehen lassen. Diese Ursache ist verbunden mit den Lebensgewohnheiten dieses Menschen. Seine Gewohnheiten stellen aber eine unüberwindliche Schranke dar, die das Bewusstsein blockieren. Der Mensch will nicht erkennen, dass er selbst die Ursachen gesetzt hat, die zum Entstehen der Krankheit geführt haben.

Wie ist diese Schranke zu überwinden?

Der Kranke kann das aus eigener Kraft nicht erreichen, weil er sich völlig verändern müsste. Er glaubt nicht daran, dass er gesund werden kann, wenn er sich selbst verändert. Wenn er den Hinweisen der eigenen Vernunft nicht Folge leistet, wird er aus der Krankheit nicht herausfinden. Das Unterbewusstsein sendet ständig die richtigen Informationen an das Bewusstsein, vor allem aber die notwendigen Impulse aus dem Körper heraus, die der Mensch als Schmerz empfindet. Der Schmerz ist immer eine Reaktion des Körpers auf Signale aus dem Unterbewusstsein. Dort laufen alle Verbindungen zusammen, die der Geist und der Körper befolgen müssten. Die ständige Schmerzsituation, in der sich der Mensch befindet, führt schließlich zu der Erkenntnis, dass alle eingeleiteten Maßnahmen keine Heilung gebracht haben. Die Schulmedizin wird mit ihren Maßnahmen keine Veränderung der Situation bewirken können. Im Gegenteil: Sie orientiert den Kranken auf eine Lösung des Problems, die keine ist. Von außen ist schließlich nur noch eine Schmerzunterdrückung möglich, die dem Kranken aber keine Heilung bringt.

Was können wir daraus erkennen?

Das Bewusstsein an sich ist ein schlechter Ratgeber. Es nimmt lediglich das Sein wahr. Das, was den Menschen wirklich steuert, erfolgt aus dem Unterbewusstsein. Das hat Gott deshalb so eingerichtet, um den Menschen vor unüberlegten Handlungen zu schützen. Die Menschen sind aber noch nicht imstande, diese Verbindung aktiv zu nutzen. Sie sind in ihrer geistigen Entwicklung noch zu sehr mit dem oberflächlichen Bewusstsein verbunden.

Diese direkte Verbindung zu aktivieren, ist die Entwicklung, die die Menschen der Neuen Zeit in den nächsten Jahren einschlagen werden. Dann werden die Menschen viel schneller erkennen können, was zur Herstellung ihrer Gesundheit wirklich unternommen werden muss.

Wie wird sich nun das Bewusstsein in der neuen Zeit entwickeln?

Die Menschen haben nun verstanden, dass sie ihr Gehirn vor den Giften aus der tierischen Nahrung schützen müssen. Diese grundlegende Umorientierung in der Ernährung erweitert die Möglichkeiten des Gehirns in erheblichem Maße. Die Gehirnzellen sind nun nicht mehr gezwungen, einen Großteil ihrer Energie für die Zellteilung zu verschwenden, sondern für die kreative Verwirklichung der menschlichen Lebensaufgabe. Diese Lebensaufgabe besteht darin, in der kürzesten Zeit die Verbindung zu Gott zu finden, um das Leben als ein Geschenk Gottes zu erkennen, das es zu ehren und zu lieben gilt.

__Dann erst__ wird der Frieden unter den Menschen hergestellt werden können.

__Dann erst__ werden alle materiellen und finanziellen Reichtümer zum Wohle aller Menschen eingesetzt werden können.

__Dann erst__ werden die geistigen Möglichkeiten des menschlichen Gehirns voll ausgeschöpft werden können.

__Dann erst__ wird die Verbindung zwischen Bewusstsein und Unterbewusstsein so direkt sein, dass die Menschen die Ursachen des wirklichen Seins in sich und um sich herum sofort erkennen können. Das wird die eigentliche geistige Umkehr des Menschen sein.

Dieser Weg ist den Menschen von Gott so vorgegeben. Es gibt dazu keine Alternative. Die Mächte der Finsternis können diesen Weg nicht verhindern. Ihre Kräfte schwinden von Tag zu Tag, weil ihnen die Mittel fehlen und die Menschen ihnen nicht mehr folgen wollen.

Diese Neue Zeit werden alle die erleben, die jetzt geboren werden. Sie werden wie ein neues Wasser den ganzen Dreck wegspülen. Die Menschen, die jetzt auf der Erde leben, sind auch in diesen Prozess eingebunden. Sie werden diejenigen sein, die diese Umgestaltung einleiten werden. Das ist der schwierigere Teil der gesamten Umgestaltung, weil er mit vielen Opfern an Menschen und Gütern einhergehen wird. Das muss so sein, weil der Kampf mit den Mächten der Zerstörung auf beiden Seiten unerbittlich geführt wird. Am Ende gibt es aber nur einen Sieger. Das ist die Vernunft in allem, was ihr tut.

Die Menschen werden auf diesem Weg von Gott geführt. Deshalb wird er auch gelingen.

Frage an Gott: Nun verzichten zum Beispiel in Deutschland bereits ungefähr zehn Prozent der Menschen auf jegliche fleischliche Nahrung. Diese müssten doch bereits die Barriere zwischen Bewusstsein und Unterbewusstsein überwunden haben?

Gott antwortet: *„Das ist so nicht richtig. Nahezu alle waren in ihrem bisherigen Leben irgendwann Fleischverzehrer. Das ist in ihrem Gehirn gespeichert, so dass die wirkliche Verbindung zwischen Bewusstsein und Unterbewusstsein weiterhin blockiert ist. Aber durch ihren Verzicht auf fleischliche Nahrung bleiben sie von den Krankheiten verschont, die der Fleischverzehr verursacht."*

Die Neue Zeit bewirkt **eine neue Art des Zusammenlebens der Menschen**.

Wenn die Menschen endlich in der Neuen Zeit angekommen sind, beginnt für sie eine neue Art des Zusammenlebens. Die Menschen haben es nun gelernt, auf ein friedliches Miteinander in allen Beziehungen Wert zu legen. Es gibt keine Tötungen mehr von Tieren und Menschen und auch keine Kriege, die alles Geschaffene vernichten.

Nun stellt sich euch die Frage, wie das Zusammenleben unter solchen Bedingungen gestaltet werden soll.

Die Menschen haben eine andere **Einstellung zum Leben** an sich. Sie sind viel zufriedener mit dem, was sie haben, weil auch keiner über riesige Vermögen verfügt, mit denen er andere Menschen abhängig machen kann. Dadurch gibt es auch keinen Neid unter den Menschen. Das allein ist bereits ein großer Fortschritt. Stellt euch einmal jetzt vor, wie euer Leben aussehen würde, wenn Neid und Hass aus eurem Leben verschwunden wären. Das wäre eine Befreiung und eine Erleichterung in allen Lebensbereichen. Aber noch habt ihr die Aufgabe, diesen Zustand herzustellen.

In der Neuen Zeit werden die Menschen einen anderen **Bezug zum Geld** bekommen. Das Geld darf keine Zinsen mehr erzeugen dürfen. Dadurch verliert es seinen Reiz gehortet zu werden. Wer versucht, Geld zu horten, wird gezwungen, es wieder in den Verkehr zu bringen. Das geschieht durch Einrichtungen, die auch Geld verleihen dürfen. Diese dürfen für ihre Tätigkeit Gebühren erheben, aber keine Zinsen.

Es ist auch grundsätzlich ausgeschlossen, Geld in solche Industriezweige zu investieren, die unproduktiv sind. Das betrifft vor allem die Rüstungsproduktion und deren Zulieferer. Es wird auch kein Geld mehr in eine Forschung gesteckt, die den Menschen schaden kann, wie zum Beispiel die Pharmaindustrie oder die Tierversuche. Deshalb kann nun die Leistungskraft eines Volkes jeden vor Augen geführt werden. Vor allem kann nun viel mehr Geld für die Bildung ausgegeben werden. Das allgemeine Bildungsniveau wird steigen und die Freude am Lernen zunehmen. Viele neue Lernmethoden können jetzt eingeführt werden, die vorher nur ausgewählten Eliten zuteilwurden. Mit der Zeit werden alle Menschen einen solchen Bildungsstand haben, dass sie ihr ganzes Können einsetzen werden. Die Sehnsucht der Menschen nach einem Leben in Glück und Harmonie wird nun erfüllt werden.

Doch auch das Wirken der Kräfte der Finsternis wird sich verändern, da viele Ursachen für ihr Wirken nicht mehr vorhanden sind. Die Kräfte der Finsternis haben schon deshalb einen kleineren Spielraum, weil das Geld seine Macht verloren hat. Dadurch werden der Gier Grenzen gesetzt. Die weiteren Werkzeuge Gottes, wie Hass und Neid, werden abgeschwächt, weil sie sich nur noch vereinzelt im individuellen Verhalten weniger Menschen zeigen. Das Wirken dämonischer Kräfte, die sich in den Geist der Menschen einschleichen, aber dort auf keine Resonanz mehr stoßen, erlischt und verschwindet fast vollständig aus dem Leben der Menschen. Gott will, dass die Menschen von sich aus immer das Böse erkennen und keine Prüfungen mehr benötigen, um zu Gott zu finden. Das ist dann das, was Gott als **die Materialisierung des Guten** bezeichnet. Das bedeutet, dass alles, was die Menschen tun, immer dem Guten dient und keinen Raum für das Böse lässt. Aber die Mächte der Finsternis existieren immer noch, zwar nicht mehr als Personen, sondern als geistige Energie, da diese im Geistigen Reich Gottes bereits immer vorhanden war. Ihre Wirksamkeit ist aber sehr gering, da ihr die materielle Basis nun auf der Erde fehlt. Das gesamte geistige Leben ist gereinigt von allem Schmutz.

Die Neue Zeit wird aber auch noch andere Veränderungen bewirken.

Da ist erstens die gesamte Leitung des gesellschaftlichen Lebens. Die Menschen brauchen keinen Machtapparat mehr, der sie unterdrückt, weil es nur noch freie Menschen gibt, die in Liebe und gegenseitiger Achtung für das Gemeinwohl tätig sind. Deshalb werden aus der Menge der Menschen diejenigen ausgewählt, die die größten Fähigkeiten und Erfahrungen besitzen, um einen entsprechenden Bereich leiten zu können. Ein gewähltes Gremium bildet die Regierung. Ihr gehören die fähigsten Menschen einer Population an. Die Planung des gesamten Lebens erfolgt in weiser Vorausschau und Abwägung aller Folgen für die Natur und die Menschen. Auf diese Weise können sich alle Wesen sehr gut mit ihren Fähigkeiten einbringen. Dadurch gibt es keine Verwicklungen unterschiedlicher Interessen. So haben alle Menschen ein gemeinsames Interesse an der Entwicklung ihres Landes.

Da ist zweitens die Bautätigkeit. Das ganze Land wird sich an der Zerstörung der militärischen Einrichtungen beteiligen und an diesen Orten Bauten errichten, die der Bildung und Wissenschaft dienen.

Da ist drittens die technische Entwicklung. Auf einem sehr hohen Wissensstand der Menschen wird es jetzt gelingen, viele neue Technologien zu entwickeln, die der Energiegewinnung und der Gewinnung neuer Materialien dienen. Auch alle anderen Zweige der Wirtschaft werden so umgestaltet, dass die volle Nutzung des Tages für die Produktion ohne viel menschliche Arbeitskraft gewährleistet werden kann.

Das wesentlichste Merkmal der Neuen Zeit ist die geistige Vervollkommnung der Menschen.

Gott hat euch schon erklärt, dass die Barrieren zwischen Bewusstsein und Unterbewusstsein allmählich verschwinden und das Gehirn seine volle Kapazität ausschöpfen kann.

Wie erfolgt nun die qualitative Veränderung im geistigen Sein?

Dazu ist es notwendig, in die Struktur des Gehirns einzudringen. Das Gehirn mit einer Vielzahl von Bereichen mit unterschiedlichen Aufgaben wird ergänzt mit weiteren Zellen, die sich in den Verbindungen der einzelnen Bereiche bilden. Diese Gehirnzellen sind die sogenannten Überträger der bisher gesperrten Informationen zwischen Bewusstsein und Unterbewusstsein. Viele dieser Informationen sind ohne Wert, da sie das Einkreisen der Wirklichkeit und nicht die Wirklichkeit selbst darstellen. Diese Informationen werden durch diese Zellen blockiert. Die wahren Informationen werden jetzt an die Großhirnrinde weiter geleitet und bilden nun das Gesamtbild aus Erscheinung und Wesen der Wirklichkeit ab. Alles ist in seiner Struktur erkennbar. Die Wirklichkeit lässt keine Irrtümer mehr zu. Dadurch verliert die Forschung an Bedeutung. Das ist aber kein Nachteil, sondern ein großer Vorteil, weil die Umsetzung neuer Erkenntnisse in die Praxis viel schneller und ohne Fehlerkorrekturen gelingt.

Aber auch das Lernen erfolgt auf eine neue Art und Weise. Die Schüler, deren Gehirn bereits mit der Geburt entsprechend ausgestattet wurde, erfassen das vorhandene Wissen viel schneller. Sie werden mit entsprechenden Datenträgern ausgerüstet, die implantiert und nachts aktiviert werden und so auf die Bereiche des Gehirns einwirken, dass die Inhalte als festes Wissen abrufbar sind. Das ist für die heutigen Menschen schwer vorstellbar, aber auf anderen Planeten wird das schon seit langer Zeit so gemacht. Dieses Wissen ist immer präsent, so dass es in der praktischen Tätigkeit immer abrufbar ist. Die Schüler können dieses Wissen auch nicht vergessen, weil es im Unterbewusstsein abgespeichert ist. Das Wissen in eurem jetzigen Leben dagegen ist in eurem Tagesbewusstsein gespeichert. Dieses Wissen muss immer wieder neu erlangt werden, damit es haften bleibt.

In der weiteren Entwicklung werden die Menschen dann in der Lage sein, die größeren Zusammenhänge im Universum zu erfassen und den Kontakt mit anderen Planeten aufnehmen. Das geschieht durch das Erfassen der von diesen Planeten gesendeten Informationen. Auch von der Erde werden dann Informationen gesendet werden können. Das geschieht über bestimmte Lichtquanten, die die Planeten voneinander unterscheiden. Aber das ist für die jetzige Generation noch nicht von Bedeutung.

Das Leben in der Neuen Zeit wird weiter bestimmt durch ein **dauerhaftes Kommunizieren mit den Helfern Gottes**. Das, was du jetzt erlebst und das noch kaum einer begreifen will, wird zum Normalfall werden. Die Reinheit der Seelen und die Hingabe an die göttlichen Gebote ermöglichen es, dass diese Fähigkeit sehr vielen Menschen geschenkt werden kann. Dadurch kann der Wille Gottes unmittelbar eingehalten werden. Diese Qualität der Einheit von Mensch und Gott bestimmt dann das wunderbare Leben auf eurer Erde.

Diese Kommunikation geschieht auf verschiedene Weise. Die einen bekommen diese Botschaften über Gedanken, wenn sie Gott rufen. Diese Gedanken sind von den eigenen Gedanken klar zu unterscheiden. Andere haben einen bestimmten Helfer Gottes an ihrer Seite, der sie immer in die richtige Entscheidung führt. Andere wiederum bekommen die Botschaften in Buchstaben diktiert. Die Art der Erlangung der Botschaften mit einem Pendel wird dann nicht mehr notwendig sein.

Die Neue Zeit ist eure Zukunft, die jetzt beginnt.

Das Wirken der Menschen als eine Sonderform des Lebens

Das Leben der Menschen ist eine Erscheinung im göttlichen Sein, die mit den Methoden der Wissenschaft nicht erklärt werden kann. Viele Versuche wurden angestellt, um herauszufinden, wieso unbelebte Materie plötzlich beginnt zu atmen, zu empfinden, sich zu bewegen und sich zu vermehren. Das kann mit der Evolutionstheorie auch nicht erklärt werden.

Wie also ist Leben entstanden?

Es war Gottes Wille, auf den Planeten des Universums eine Form zu schaffen, in der sich Gott wiederfinden kann.

Das ist der eigentliche Grund, weshalb Leben überhaupt entstanden ist. Die Vielzahl der Formen, die Vielzahl der Arten und die Vielzahl der Möglichkeiten sind alles einzelne Schritte, um schließlich intelligentes Leben entstehen zu lassen. Dieses drangvolle Pulsieren in den Wesen ist das Pulsieren der göttlichen Kraft, die sich immer höher und höher entfaltet und sich schließlich im Menschen zur Vollendung bringt. Über dieses Phänomen bringt Gott die Liebe als die eigentliche Triebkraft allen Seins zur Entfaltung. So ist die Entstehung des Lebens zu erklären. Das solltet ihr immer bedenken, wenn ihr über den Sinn des Lebens philosophiert. Es ist allein Gott, der dieses Leben geschaffen hat. Deshalb sollt ihr im Gebet Gottes dafür danken, dass ihr dieses Leben von Gott erhalten habt. Es ist das wertvollste Geschenk, das euch Gott geben kann. Deshalb gibt euch Gott auch die Weisung mit auf den Weg, es zu ehren und zu lieben als eure größte Pflicht gegenüber Gott.

Die Menschen der Erde werden das aber noch lernen müssen. Noch ist die Achtung vor dem Leben im Bewusstsein vieler Menschen nicht fest verwurzelt. Das könnt ihr täglich an den Vergehen gegen einzelne Menschen und ganze Völker erkennen. Gott lässt das noch zu. Aber mit der Neuen Zeit werden solche Verhältnisse im Umgang der Menschen zueinander entstehen, dass die Achtung vor dem Leben des anderen siegen wird.

Das Leben der Menschen hat aber noch eine viel größere Bedeutung. Die Menschen können ihr Leben selbst gestalten. Das ist das Besondere an dieser Lebensform. Die Menschen dürfen in einem bestimmten Sektor entscheiden, ob sie so oder so leben wollen. Diese freie Willenshandlung lässt den Menschen viel Spielraum für ihr freies Wirken zur Gestaltung ihres Lebens in Glück und Frieden. Ein Mensch, der sich in der Nähe von Gott befindet, wird dieses Geschenk so nutzen, dass beide Seiten, Gott und der Mensch, mit dem Ergebnis zufrieden sind. Bei den meisten Menschen ist diese Einheit vorhanden, auch wenn sie das so nicht erkennen wollen. Das wahre Sein des Menschen vollzieht sich jedoch immer in dieser Einheit von Gott und Mensch, weil der Mensch von der kleinsten Zelle bis zum ganzen Körper über die Seele mit Gott verbunden ist. Über die Seele erfährt Gott alles. Das muss so sein, weil Gott die kürzeste Verbindung zwischen dem Geist und dem göttlichen Sein darstellt. Das bedeutet, dass Gott nichts, aber auch gar nichts entgeht, was der Mensch tut und denkt. Man kann Gott deshalb nicht betrügen oder Gott etwas verschweigen. Alles ist für Gott ein übersichtliches Geschehen.

Die Frage, die sich viele Menschen stellen, ist doch die, warum Gott dann all das Böse zulässt. Wenn Gott alles sieht und alles weiß, wieso schreitet Gott dann nicht ein und verhindert das Wüten der finsteren Mächte?

Gott hat auf die Dinge eine andere Sicht als die Menschen. Für Gott ist das, was die Menschen als Böse bezeichnen, an sich nicht Schlechtes, solange es nicht in die Schöpfung selbst eingreift. Das, was die Menschen als Böse betrachten, ist eine Seite des Kampfes der Gegensätze, der zum Guten führt. Deshalb wird Gott dem Wirken der finsteren Kräfte[4] nicht Einhalt gebieten, weil sie den Menschen ihr Handeln zum Guten aufzwingen. Wenn es das Böse, das heißt die Kraft zur Trennung von Gott, nicht gäbe, dann hätten die Menschen keine Maßstäbe für das Gute. Das wäre in der Dualität des Seins nicht förderlich für die geistige Reifung des Menschen. Deshalb lässt Gott das Gegenteil zu. Das werdet ihr erst dann richtig verstehen, wenn ihr euch aufmacht, Gott in allem zu finden.

Das Wirken des Menschen als eine Sonderform des Lebens bedeutet deshalb, dass der Mensch selbst über sein Schicksal bestimmt und sein Leben selbst meistern kann. Das erlaubt Gott nur den Menschen. Gott weiß, dass die Menschen das Maß ihrer Möglichkeiten überschritten haben und dabei sind, Gottes Schöpfung zu zerstören. Das bedeutet aber nicht, dass Gott den Menschen ihren freien Willen wieder entzieht. Das bedeutet aber auch nicht, dass Gott der Zerstörung tatenlos zuschaut. Gott hat euch bereits zu verstehen gegeben, dass die Zeit der großen Veränderungen begonnen hat, damit das Wirken der Menschen sich in Zukunft wieder nach dem göttlichen Willen entfalten kann.

Das will euch Gott gesagt haben.

Frage an Gott: Warum formuliert Gott, dass *„die Menschen das Maß ihrer Möglichkeiten überschritten haben"*, wo es doch die finsteren Mächte sind, die durch ihr Tun die Erde zerstören?

Gott antwortet: *„Das ist zwar richtig, aber die Menschen haben sie bisher gewähren lassen. Deshalb sind sie mitverantwortlich."*

---

[4] *Im Unterschied zu den Mächten der Finsternis sind Kräfte der Finsternis Werkzeuge Gottes (Gier, Hass, Neid, Selbstsucht), die den Menschen ihre Trennung von Gott deutlich machen und zur Selbsterkenntnis führen sollen. Vor diesen Kräften schützt uns Gott nicht. Siehe dazu auch die Erläuterungen zum Gebet Gottes.*

Das neue Menschenbild

Nachdem ihr nun wisst, wie die Neue Zeit in ihrer Grundstruktur aussieht, will euch Gott nun mitteilen, wie ihr euch selbst innerlich verändern werdet. Das ist **das neue Menschenbild**, das Gott als die Vollkommenheit in seiner Schöpfung angestrebt hat. Diese Vollkommenheit ist das vorerst letzte Kapitel der Menschwerdung. Was dann geschehen wird, ist selbst Gott noch nicht bekannt, weil sich die energetischen Verbindungen jetzt erst formen müssen. Was Gott bisher getan hat, war die Korrektur von Fehlentwicklungen in der aufstrebenden Bereitschaft der Menschen, sich Gott zu nähern und Gott in sich zu erkennen. Die Begrenzungen, die durch die Mächte der Finsternis verursacht wurden, sind nun überwunden. Deshalb sind jetzt alle Bedingungen für eine freie Entfaltung jedes einzelnen von Gottes Kindern gegeben.

Die weitere Entfaltung der menschlichen Beziehungen wird sich wie folgt gestalten:

Zuerst werden die Menschen eine **Befreiung von innerem Unfrieden** erleben. Die meisten Menschen erkennen nicht, dass sie in ihrer Angst um das tägliche Überleben keinen inneren Frieden in sich spüren. Das ist die Ursache für die Unruhe im Geistigen. Eine solche Unruhe ist auch dann vorhanden, wenn sich der Mensch anscheinend in materieller Sicherheit wiegt. Diese Sicherheit ist wie alles relativ und trügerisch. Das will euch Gott an einem Beispiel erklären.

Da ist zum Beispiel ein Mensch, der sich mit allen Menschen gut versteht. Er ist auch in einer solchen beruflichen Position, dass er alle seine täglichen Bedürfnisse vernünftig befriedigen kann. Auch seine familiäre Situation gibt ihm Halt und Zuversicht. Daraus wäre jetzt zu schlussfolgern, dass dieser Mensch verglichen mit der Situation vieler anderer Menschen absolut glücklich sein müsste. Das empfindet er auch so, so dass er sich mit seiner Welt völlig in Frieden wähnt.

Da ist nur ein kleiner, aber wesentlicher Wermutstropfen in seinem Unterbewusstsein aktiviert, nämlich der, dass alles vergänglich ist. Er versucht, diese Unvollkommenheit seines Glücks zu verdrängen. Aber das gelingt natürlich nicht, weil das Unterbewusstsein immer aktiv ist. Die richtige Zufriedenheit stellt sich deshalb nicht ein, weil die Täuschung seines eigenen Bewusstseins nicht gelingt, dass alles Glück vergänglich ist, und alles, was eigentlich Zufriedenheit auslösen sollte, von einer unbewussten Unruhe begleitet ist.

In der Neuen Zeit verschwindet diese innere Unruhe, weil die Sicherheit aller Menschen gewährleistet ist. Es besteht keine Gefahr mehr, dass diese Sicherheit verloren gehen könnte, weil in solchen Fällen sofort die Allgemeinheit dafür sorgen wird, dass der alte Zustand wieder hergestellt wird. Deshalb verschwindet die innere Unruhe allmählich aus dem Unterbewusstsein und macht Platz für innere Zufriedenheit. Gott hat euch das bereits in der Gebetszeile mitgeteilt, dass jeder sein tägliches Brot erhält, ohne horten zu müssen, um zu überleben. In der Neuen Zeit ist dieser Zustand vollkommen gewährleistet und hat sich in das Unterbewusstsein eingepflanzt.

Die weitere Gestaltung der inneren Beziehungen wird auch dadurch gekennzeichnet sein, dass die Menschen beginnen, vom Besitz Abstand zu nehmen. Diese Wandlung des Menschen ist eine der bedeutendsten Bewusstseinsentwicklungen in der Neuen Zeit. Überlegt einmal, welche Bedeutung das Streben nach Besitz in der bisherigen Geschichte der Menschheit gespielt hat. Alles war diesem Streben untergeordnet. Nahezu alle Menschen wurden in diesen verhängnisvollen Strudel hinein gezogen. Das erzeugte Neid und Hass, führte zu Kriegen und Vernichtung vieler Menschen. Nun ist dieser Entwicklung Einhalt geboten worden. Die Menschen haben sich mit Gott verbunden im Vertrauen, dass Gott für alles sorgen wird. Dieses Vertrauen ist im Bewusstsein unerschütterlich verankert. Dieses neue Bewusstsein bedeutet aber keinesfalls Verzicht auf jegliches Eigentum oder Enthaltsamkeit gegenüber allen Genüssen des Lebens. Eine tiefe

Verbundenheit mit allen Schönheiten des Lebens wird die Menschen zu einer bewussten Haltung zu allen irdischen Gütern verhelfen, die alle Raffsucht ausschließt, aber Individualität gewährleistet. Gleichheit in den Besitzverhältnissen bedeutet nicht Gleichheit in den Ansprüchen und Bedürfnissen. Auch hier ist die Vielfalt Ausdruck des Bemühens um individuelle Gestaltung des eigenen Lebens. Die Menschen haben durch die jetzt auch gefundene innere Ruhe ein anderes Verhältnis zum Eigentum ihres Nächsten gewonnen. Es bleibt jedem überlassen, ob er sich die gleichen Güter auswählt. Entscheidend ist nicht der Besitz, sondern der Nutzen für den Einzelnen. Darin liegt der entscheidende Unterschied zur jetzigen Zeit.

Eine weitere Besonderheit in der Gestaltung der inneren Beziehungen ist das **Verhältnis der Menschen zum Geld**. Es macht keinen Sinn, Geld anzuhäufen, da jeder bekommen kann, was er benötigt. Wer Geld braucht, um etwas zu kaufen, was seine Möglichkeiten übersteigt, der kann es sich leihen und aus dem eigenen Einkommen zurückzahlen, ohne Zinsen zahlen zu müssen. Auch hier wird der Wunsch von der Bedürftigkeit bestimmt und nicht vom Streben nach Besitz. Die Menschen haben zu all diesen Dingen ein sehr zweckbezogenes Verhältnis. Reichtum belastet und behindert die Entfaltung der eigenen schöpferischen Möglichkeiten.

Gott will euch nun mit einer Seite eures Lebens vertraut machen, die Gott das **kritische Vergehen** nennt. Das kritische Vergehen bezeichnet Gott als das natürliche Sterben. Das ist das Ende einer von Gott gesetzten Lebenszeitspanne, die alle die erreichen können, die sich nach den Geboten Gottes gerichtet haben. Es sind nur wenige Menschen, die diese Lebensspanne erreicht haben. Das waren Menschen, die vor langer Zeit gelebt haben, als die Kräfte der Finsternis noch wenig Einfluss hatten. Danach wurde die Verführung immer stärker und die Menschen unterlagen den Verlockungen der Genüsse. Das verkürzte ihre Lebenszeit. Es begannen sich Krankheiten auszubreiten, die die Menschen früher nicht kannten. Dadurch nahm die

Zahl der gesunden Lebensjahre in einem Leben immer mehr ab, auch wenn die Menschen durch eine bessere Gesundheitsvorsorge, eine bessere Hygiene, sauberes Trinkwasser und eine stabile Versorgung mit Lebensmitteln älter wurden. Dieses Phänomen eines höheren Lebensalters bei gleichzeitiger Abnahme der gesunden Lebensjahre wird sich in dieser Weise nicht fortsetzen. Da sich die Menschen in noch stärkerem Maße mit Fleisch ernähren, werden die gesunden Lebensjahre und auch die Lebensjahre insgesamt abnehmen.

Deshalb wird Gott jetzt in diesen verhängnisvollen Prozess eingreifen müssen, da die Menschen so nicht in die Neue Zeit gelangen werden. Die Menschen verlieren ansonsten ihre Fähigkeit, ihren freien Willen vor allem für die Vervollkommnung ihres Geistes zu verwenden. Damit würden sie gegen ihre göttliche Bestimmung wirken. Eine solche Entwicklung kann Gott nicht erlauben.

Es ist nicht nur die falsche Ernährung, die auf das Lebensalter verkürzend wirkt. Die Vergiftung der Atmosphäre mit vielen Substanzen, die den Gehirnzellen schaden und diese ebenfalls zur Teilung zwingen, bewirkt auch eine Verkürzung des Lebensalters. Das wissen die Wenigsten, auch nicht diejenigen, die diese Gifte versprühen.

Und schließlich ist es die allgemeine Hektik in der Arbeitswelt, die Angst vor dem Verlust des Arbeitsplatzes und auch die Unsicherheit vieler Existenzbedingungen, die sich nachteilig auf eine Verlängerung des Lebensalters auswirken.

Das wirkliche Alter eines Menschen hängt von der vollen Ausschöpfung seiner Möglichkeiten ab, die ihm Gott gewährt hat. Diese Möglichkeiten sind um ein Vielfaches höher als der Mensch es ahnt. Auch die von Gott gewährten freien Bildungschancen gehören dazu, die ihr nur unzureichend ausschöpft. Das durchschnittliche Alter der Menschen beträgt gegenwärtig ungefähr achtzig Jahre. Das ist aber nicht einmal die Hälfte der Lebenszeitspanne, die euch Gott gewährt.

Was müsst ihr also tun, um dieses Alter zu erreichen?

Zuerst ist es die Ernährung, die ihr ändern müsst. Dazu ist bereits alles gesagt worden. Vor allem ist es die ausreichende Ernährung mit Obst und Gemüse, die den Hauptteil eurer Nahrung ausmachen sollte. Dazu müsst ihr euren Körper immer in Bewegung halten, damit die Muskeln nicht erschlaffen. Das ist eine ständige Forderung, die Gott an euch stellt. Die Menschen meinen, wenn sie ihren Körper nur ab und zu richtig ernähren und bewegen, dann würde das ausreichen. Das ist ein großer Irrtum, weil die Vergiftung des Körpers durch falsche Nahrung viel nachhaltiger wirkt als ihr das glaubt. Die Übersäuerung eures Körpers ist das eigentliche Problem, das euer Leben verkürzt. Das tut nicht weh und bleibt auch lange Jahre ohne spürbare Veränderungen eures Körpers. Aber wenn die Säure erst eure tausend kleinen Zellen in den Gelenken zerstört hat oder die Gehirnzellen ausfallen, weil sie sich nicht mehr erneuern können, dann fragt ihr nach den Ursachen, und wollt, wenn ihr sie erkannt oder erfahren habt, nicht akzeptieren, weil ihr dann eure Gewohnheiten radikal ändern müsstet. Aber dazu sind die Wenigsten bereit. Wer sich über Jahre so verhält, der kann seine Lebenszeitspanne nicht ausschöpfen. Das kann auch gar nicht sein. Gott wird keinen Menschen mit einem langen Leben belohnen, der sich so der Liebe Gottes entzieht. Das wird sich erst ändern, wenn sich die Menschen auf ihren Verstand besinnen und Gott in allem lieben.

Frage an Gott: Was sagt denn Gott zum Zustand meiner Gehirnzellen, da ich mich doch bereits viele Jahre vegetarisch, seit einem Jahr vegan und zurzeit sogar mit Rohkost ernähre?

Gott: *„Deine Gehirnzellen wurden durch eine lange Zeit des Fleischgenusses ebenfalls geschädigt. Aber jetzt hat die Teilung dieser Zellen aufgehört, weil du sowohl durch deine Ernährung als auch durch deine Ablehnung allen Bösen keine Giftstoffe mehr aufnimmst. Du musst aber dabei bleiben, da jeder Rückfall schwere Störungen verursachen wird."*

Weiterhin solltet ihr euch auf eure geistigen Möglichkeiten besinnen. Euer Geist ist euer Wesen, nicht euer Körper. Deshalb ist die Bildung des Geistes und seine Ausformung eine wesentliche Voraussetzung für ein langes Leben. Der Geist muss ebenso ernährt werden wie der Körper. Und genauso, wie ihr euren Körper mit falscher Nahrung vergiftet, könnt ihr euren Geist mit falschen Inhalten abtöten. Gott hat euren Geist so beschaffen, dass er ausschließlich von guten Botschaften ernährt werden kann. Alles Böse und erdenklich Schlechte baut ebenfalls Gehirnzellen ab, wodurch das frühzeitige Altern beschleunigt wird. Die Gehirnzellen registrieren das Böse als energieraubende Informationen, die die Leistungsfähigkeit herabsetzen. Ihr verspürt das als Kopfschmerzen und schlechte Stimmung bis hin zu Depressionen, wenn der Zustrom negativer Energien anhält. Deshalb solltet ihr euch nie mit geistigem Schmutz befassen, wie er euch durch eure Medien vorgesetzt wird. Dieses ständige Bombardieren mit unrealistischen Geschehnissen erzeugt eine falsche Wirklichkeit in den Köpfen, die den Drang entwickelt, zur Wirklichkeit zu werden. Das ist das Ziel der Mächte der Finsternis, dass die Konsumenten für den Kampf gegen das Gute reif gemacht werden. Die Auswirkungen auf den Alterungsprozess werden ignoriert, weil dieser Zusammenhang bisher auch nicht bekannt war. Gott warnt euch deshalb eindringlich, euch von den Mächten der Finsternis verführen zu lassen.

Stellt euch vor, ihr müsstet eure Kinder in den Krieg schicken. Welche Gefühle bewegen euch da? Habt ihr da Gefühle der Freude oder der Herzenswärme? Mit Sicherheit nicht, weil ihr sie auf ein Schlachtfeld gehen lassen sollt, und es ungewiss ist, ob sie es lebend verlassen werden. Aber auf diese Schlachtfelder begeben sie sich freiwillig, wenn sie an ihren Computern sitzen und ihre Gegner vernichten, als ob der Krieg eine Spielerei wäre. Aber betrachtet einmal die traumatisierten Soldaten, die in wirkliche Kampfhandlungen verwickelt waren und für ihr ganzes Leben gezeichnet wurden. Da hört die Spielerei auf. Die Gehirnzellen dieser jungen Menschen teilen sich in einem fort, weil diese Bilder nicht zu löschen sind und immer wieder auftauchen. Diese Menschen leiden in ihrem ganzen weiteren Leben.

Was ist nun das kritische Vergehen, wie Gott es bezeichnet?

Die Menschen verbringen auf der Erde eine bestimmte Zeit ihres ewigen Daseins. Das ist gemessen an der Geschwindigkeit, wie sie im Universum abläuft, nur ein wirklich kurzer Zeitraum. Da ihr eine gestreckte Zeit habt, kommt euch das sehr lange vor. Auf diese Weise erlebt ihr euer Dasein auf der Erde wie in tiefen und breiten Perioden. Das ist notwendig, damit ihr lernen könnt, was euch wirklich zu Gott führt. Das, was ihr als falsch erkannt und überwunden habt, bezeichnet Gott als die kritische Überwindung von Daseinsweisen. Vergehen ist das Leben an sich. Ihr sagt sterben, weil ihr nichts von euren weiteren Leben wisst.

Das kritische Vergehen ist deshalb das ständige Überwinden von Eigenschaften, die ihr in einem neuen Leben nicht mehr braucht, und das Bewahren aller der Eigenschaften, die ihr in einem neuen Leben weiter ausgestalten müsst. So entwickelt sich eure Vollkommenheit von Leben zu Leben, bis ihr vollkommen eins seid mit Gott.

Dieses ständige Erneuern ist euer eigentliches Leben. Deshalb heißt es auch in dem Gebet Gottes, dass ihr Gott in alle Ewigkeit lieben sollt.

Wie sieht nun Gottes Plan für ein langes Leben der Menschen aus?

Was sind die wesentlichen Kriterien, wie die Menschen ihre Lebenszeitspanne ausschöpfen können?

Die ersten beiden Kriterien hat Gott euch bereits erläutert. Diese sind allerdings auch die wichtigsten Kriterien und unabdingbar, um die von Gott gegebene Lebensspanne zu erreichen. Aber es gibt noch weitere, die Gott für notwendig erachtet, damit ihr ein glückliches Leben führen könnt. Gott will euch diese nennen, damit ihr danach streben könnt. Auf eure ganze Überzeugung kommt es an, ob ihr das auch wollt. Gott gibt euch dazu alle Bedingungen. Ob ihr diese auch nutzt, liegt an euch selbst.

Eine dieser weiteren Bedingungen ist das **friedliche Zusammenleben** des einzelnen Menschen mit seinem Nächsten und allen Menschen der Erde. Das ist ein Anspruch, den fast alle Menschen ohne zu zögern unterschreiben würden. Aber das ist nur ein Ausdruck dafür, dass das Streben nach dem Guten in allen Menschen vorhanden ist. Aber die Praxis sieht doch ganz anders aus. Lebt ihr wirklich mit allen euren Nächsten in Frieden? Und lebt der Nächste auch mit dir in Frieden? Gibt es überhaupt keine Reibungspunkte zwischen euch, die ihr nicht bereit seid zu klären, weil ihr meint, dass dieser Scheinfrieden die bessere Lösung sei?

Das ist genau der Punkt, den Gott meint. Solange diese Probleme bestehen, belasten sie eure Seele und werden in eurem Unterbewusstsein als eine abbauende Energie gespeichert. Diese veranlassen die Gehirnzellen sich zu teilen, zwar nicht in der Geschwindigkeit wie nach dem Verzehr von Fleisch, aber es bleibt eine Vergiftung der Seele.

Ihr merkt es bereits, worauf es Gott ankommt. Es geht um die Reinheit der Seele, die eine ausschlaggebende Bedeutung für das Erreichen der Lebenszeitspanne hat. Diese Reinheit kann auch dazu führen, dass sich neue Gehirnzellen bilden, die unteilbar bleiben, solange der Mensch die Seele nicht wieder verschmutzt.

Eine weitere Bedingung ist die medizinische Versorgung mit dienlichen Medikamenten. Das heißt, dass die Hilfsmittel, die zur Abtötung lebensbedrohlicher Keime eingenommen werden müssen, nur die Keime treffen und nicht auch die Abwehrzellen. Solche Medikamente gibt es bereits. Sie werden aber nicht hergestellt, weil sie wirksam sind und zum anderen wenig Geld erwirtschaften. Diese Wirkstoffe lassen sich nur aus Pflanzen herstellen. Das wird auch in Zukunft geschehen, wenn die Mächte der Finsternis aus der Gesundheitspolitik vertrieben wurden. Die Menschen werden durch die Einhaltung der oben genannten Bedingungen immer gesünder, weshalb bestimmte Bereiche der heutigen Gesundheitsvorsorge nicht mehr gebraucht werden. Wichtig bleiben jedoch eine gut organisierte Behandlung von Unfallopfern und Notfällen, wie auch die Betreuung von Schwangeren.

Ein weiterer Punkt betrifft die gesamte **Erziehung der Heranwachsenden** zu einer bewussten Lebensführung. Hier haben die Eltern in zunehmendem Maße die Verantwortung zu übernehmen. Die Kinder werden dazu angehalten, ihre Lebensführung so zu gestalten, wie es die Eltern vorleben. Das ist auch richtig so, weil das die Maßstäbe sind, an denen die Kinder wachsen sollen. Deshalb haben die Eltern die Verpflichtung, die Erziehung mit großem Verantwortungsbewusstsein zu gestalten. Das ist heute schwierig, weil die Heranwachsenden Einflüssen ausgesetzt sind, die die Eltern nicht beeinflussen können. Das sind vor allem Drogen und Alkohol sowie Rowdytum. Diese Unarten werden von kriminellen Organisationen gelenkt, denen die wahren Werte der Erziehung egal sind. Die Übeltäter werden nicht zur Verantwortung gezogen, weil diese Menschen von den Herrschenden geduldet werden. Die vielen verführten jungen Menschen können sich nicht wehren und unterliegen dem scheinbaren Genuss. Das müssen die Mächte der Vernunft ändern. Gott wird durch eine Schwingungserhöhung der Erde diesem Treiben ein Ende setzen. Die Menschen werden in sich eine Abneigung verspüren, Suchtmittel zu konsumieren. Das wird in der nächsten Zeit geschehen. Viele Menschen, die in dieser Abhängigkeit gefangen sind, werden sich in ihrem Körper nicht mehr wohlfühlen und von sich aus mit diesen Vergiftungen aufhören. Die Menschen, die hinter diesen Verbrechen stecken, werden keinen Zulauf mehr haben und an Einfluss verlieren. Dann werden auch die Eltern in der Lage sein, ihre Kinder wieder mit ihrer Erziehung schulen zu können.

Das nächste Merkmal einer Veränderung der Menschen wird das **freie Verhältnis unter den Geschlechtern** sein. Das bedeutet, dass sich die Beziehungen zwischen Mann und Frau vereinfachen werden.

Keiner benötigt mehr eine amtliche Erlaubnis, um sich vereinigen zu dürfen. Das offene Verhältnis zwischen den Geschlechtern ist aber vor allem von gegenseitigem Respekt und Nächstenliebe gekennzeichnet, vor allem für die Kinder. Viele Beziehungen scheitern jetzt noch an dem egoistischen und selbstsüchtigen Verhalten der Partner. Dabei spielt auch das Geld wieder eine große Rolle, das die Menschen entzweit. Da das Geld aber seine Bedeutung als Vermehrer von Reichtum verlieren wird, wird auch der Grund für eine Trennung aus finanziellen Erwägungen entfallen. Die neue Moral, die sich allmählich durchsetzen wird, übernimmt auch die neuen Beziehungen mit in ihr Wertesystem. Dazu gehören auch die gleichgeschlechtlichen Beziehungen zwischen den Menschen. Jeder Mensch kann sein Leben entsprechend seiner Veranlagungen mit einem anderen Partner ohne Diskriminierung gestalten. Kein Mensch und keine Institution hat das Recht, sich in diesen privaten Bereich einzumischen. Diese Paare können auch Kinder erziehen, wenn sie es wünschen. Auch das Zusammenleben mehrerer Generationen in einer Großfamilie sollte wieder üblich werden, weil das für die Erziehung der Kinder viele Vorteile bringt. Alles Wissen und alle Erfahrungen der älteren Menschen können dadurch genutzt werden.

Eine weitere Veränderung, die das Leben der Menschen bereichern wird, betrifft die **Qualität der intimen Beziehungen** der Menschen. Die Sexualität ist ein Geschenk Gottes, das alle Menschen als Trieb für ihre Fortpflanzung erhalten haben. Dieser Trieb kann zur reinen Befriedigung der Lust genutzt werden, aber auch zur Erhaltung der Art. Die Art und Weise, wie die Menschen dieses Geschenk in ihrem jetzigen Leben benutzen, entspricht vielfach nicht dem, was Gott damit beabsichtigt hat. Es gibt bei euch diese Stätten der Lust, wo sich Menschen ihre sexuelle Befriedigung erkaufen. Das ist entwürdigend sowohl für den Mann als auch für die Frau. In der Neuen Zeit wird es diese Art der geschlechtlichen Beziehungen nicht mehr geben. Die Menschen werden das verabscheuen und ihre Befriedigung in sauberen Paarbeziehungen finden.

Eine weitere Veränderung wird sich auch in dem **Kaufverhalten der Menschen** zeigen. Da es für alle genug gibt, ist es nicht mehr erforderlich, Waren zu horten. Das hat große Auswirkungen auf die Beziehungen der Menschen untereinander. Keiner muss mehr voller Neid auf den Besitz eines anderen blicken. Da dieses Werkzeug Gottes an Wirkung verliert, wird das Gegenteil gestärkt werden: die Freude an dem Besitz anderer, die sich dadurch ihre Wünsche erfüllen konnten.

Was sich alles noch weiter verändern wird, damit die Menschen ein langes und erfülltes Leben führen können, wird sich erst noch zeigen. Was euch Gott hier aufgezeigt hat, ist das Grundlegende, das euer Leben bereichern wird.

Die Vorstellungen Gottes von dem
Leben der Menschen

Gott hat von dem Leben der Menschen ganz bestimmte Vorstellungen, die nicht in jedem Fall mit dem übereinstimmen, was sich die Menschen darunter vorstellen. Alle Menschen haben die Absicht, ein glückliches Leben zu führen. Dieser Wunsch ist verständlich, weil kein Mensch arm und krank sein will. Das will auch Gott. In der Realität des menschlichen Lebens auf der Erde sieht das jedoch ganz anders aus. Die Menschheit hat es so weit gebracht, dass sich die Mehrheit von diesem Wunsch entfernt hat und in Armut und Not lebt. Gottes Absicht ist das nicht. Jeder Mensch hat das Recht, ein Leben in Frieden und Glück zu führen. Auch ihr habt in euren festgeschriebenen Grundsätzen diese Maßstäbe gesetzt, habt aber keine Maßnahmen eingeleitet, um dieses Ziel auch zu erreichen. Im Gegenteil: Die Armut der einen ist die Grundlage für den Reichtum der anderen. Das führt in der weiteren Entwicklung nicht zu dem eigentlichen oder beabsichtigten Ziel Gottes für alle Menschen.

Deshalb will euch Gott jetzt sagen, wie das Leben der Menschen aussehen soll.

Die vielen Menschen auf der Erde unterliegen dem Willen Gottes. Der freie Wille, den Gott den Menschen eingeräumt hat, ist in seinem Umfang sehr großzügig gewährt worden, damit die Menschen einen breiten eigenen Spielraum für die Gestaltung ihres Lebens nutzen können. Gott hat bereits an anderer Stelle mehrfach darauf hingewiesen, dass die Menschen dieses Geschenk missbraucht haben. Auch ist der Wille nicht vorhanden das zu ändern. Was bleibt Gott anders übrig, als den Umfang dieser freien Entscheidungsmöglichkeit einzuschränken.

Welche Einschränkungen werden das sein?

Zuerst muss euch Gott die Möglichkeit nehmen, von den Ergebnissen der Arbeit anderer leben zu können. Das wird sich wieder in *den* Menschen vollziehen, die ab jetzt geboren werden. Diese Menschen werden dann die Arbeit anderer achten und die Ergebnisse für alle gleichmäßig verteilen. Das führt dann zur Beseitigung der Armut auf der Erde. Damit wird Gott den zweiten wirksamen Eingriff in das Unterbewusstsein der Menschen vornehmen. Von sich aus hätten die Menschen diese Veränderung nicht mehr vollziehen können. Deshalb muss Gott hier diese Veränderungen vornehmen. In der Mitte ihres Lebens wird die neue Generation ihre Überlegenheit gewinnen und beginnen, die alten Grundsätze der Ausbeutung zu verändern. Das wird in ungefähr fünfzig Erdenjahren sein.

Frage an Gott: Wird Gott mir die Möglichkeit gewähren, diese Veränderung mit zu erleben (ich wäre dann 122 Jahre alt)?

Gott: *„Das wird nicht geschehen. Du wirst bereits wieder auf der Erde sein und diesen Prozess mit gestalten."*

Weitere Einschränkungen im freien Willen der Menschen wird es vorerst nicht geben. Die Menschen werden dann die Veränderungen von selbst gestalten können. Es wird auch so sein, dass die Mächte der Finsternis keine menschliche Basis mehr haben werden und allmählich aussterben.

Was geschieht nun mit ihrem Geld, den Ländereien und Prunkbauten? Das Geld wird vernichtet, soweit hinter diesem Geld keine Werte stehen. Die Ländereien werden zum Allgemeingut und werden durch die Öffentlichkeit genutzt und verwaltet. Die vielen Bauten, auch die Kirchen, die nun keinem wirklichen Zweck mehr dienen, werden als Kulturgüter genutzt oder für andere Zwecke umfunktioniert. Das ist aber das kleinste Problem, weil dafür etliche Jahre benötigt werden.

Am wichtigsten sind die geistigen Veränderungen, die geschehen müssen und die Gott den Menschen in das Unterbewusstsein eingibt. Diese neue Qualität im Denken führt euch in eine Übergangszeit zur vollständigen telepathischen Erfassung der Gedanken anderer Wesen, mit denen ihr euch in Resonanz begebt.

Das geschieht folgendermaßen:

Ein Mensch hat eine Idee, die ihn nicht loslässt. Das Problem, das ihn beschäftigt, ist mit seinem Wissensstand nicht lösbar. Das Studium der Literatur bringt ihn auch nicht weiter. Bisher war es so, dass diese Idee nicht verwirklicht werden konnte, weil keine Verbindung zu Menschen hergestellt werden konnte, die die Idee ebenfalls hatten, aber an einem anderen Problem scheiterten, das einer unter ihnen bereits gelöst hatte. In der Neuen Zeit werden sich diese Menschen telepathisch verbinden können, und die Idee wird von allen gleichzeitig umgesetzt werden können.

Auch auf anderen Gebieten wird dieses Gesetz der Resonanz aufbauend wirken, und zwar in der Medizin, wenn es um die richtige Methode zur Behandlung kranker Menschen geht, aber auch im Verkehr zwischen den Menschen im normalen Gespräch. Der Gesprächspartner erkennt die Gedanken des anderen und kann sich darauf einstellen.

Jetzt werdet ihr aus der heutigen Sicht eures Denkens die Hände über dem Kopf zusammen schlagen, weil ihr befürchtet, dass eure geheimsten Gedanken sofort erkannt werden können. Und genauso wird es sein.

Ihr erkennt jetzt die neue Dimension eures Zusammenlebens. Die Lüge und das Getuschel hinter dem Rücken des anderen haben keinen Platz mehr in eurem Leben. Für viele, die von der Lüge lebten, wird das furchtbar sein, aber für die meisten, die ihren Nächsten mit Liebe und Vertrauen begegnen, wird das ein wirklicher Gewinn sein.

Welche Vorstellungen hat Gott für das Leben der Menschen zu Beginn der Neuen Zeit?

Die Menschen der Erde werden nach vielen Jahren der Veränderung endlich in der Neuen Zeit angekommen sein. Die Mächte der Finsternis gibt es nicht mehr und die Ausbeutung der Menschen ist bereits seit vielen Jahren abgeschafft worden. Die Menschen sind endlich frei. Diese Freiheit ist das, was sich die Menschen seit Jahrtausenden erträumt haben. Nun muss diese Freiheit als größte Errungenschaft eines langen Kampfes gelebt werden. Gott hat auch dafür die Weichen gestellt und ein Aufgabenfeld vorbereitet.

Welche Aufgaben sind das?

Die vordringlichste Aufgabe ist die **Aufrechterhaltung einer allgemeinen Ordnung des Zusammenlebens** der Menschen auf der gesamten Erde. Diese Ordnung ist notwendig, weil es Grundsätze geben muss, die für alle Menschen verbindlich sein müssen. Auch wenn das Bewusstsein für die Reinhaltung der Umwelt hoch entwickelt ist und es keine Verstöße dagegen mehr gibt, muss die Einhaltung organisiert werden. Das geschieht durch ein System von beauftragten Menschen, die dafür ausgebildet wurden und deren Anweisungen jeder befolgen wird. Das ist wichtig, damit sich die Atmosphäre der Erde wieder erholen kann. Das ist im Zeitraum einer Generation zu erreichen.

Eine weitere Aufgabe besteht in der **Sicherung der Ernährung** für eine wachsende Bevölkerungszahl. Die Erde hat noch viel Platz für mehrere Milliarden Menschen. Die Möglichkeiten für eine gesunde Ernährung sind auf keinem Planeten besser als auf der Erde. Das Klima und die Wasservorräte garantieren ein schnelles Wachstum von Bäumen und Sträuchern überall auf der Erde. Selbst in den jetzigen Wüstengebieten, die bewässert wurden, sind blühende Landschaften entstanden, die hohe Erträge abwerfen. Da die Massentierhaltung abgeschafft wurde und die Menschen keine tierischen Nahrungsmittel mehr zu sich nehmen, können alle Erträge für die menschliche Ernährung genutzt werden. Dadurch wird auch die Atmosphäre nicht mehr mit Umweltgiften belastet.

Eine weitere Aufgabe bezieht sich auf die Herstellung tragfähiger Verbindungen zwischen den Menschen. Die jetzige Art der **Kommunikation** wird es so nicht mehr geben, weil sie mit einem sehr großen technischen Aufwand verbunden ist. In der Neuen Zeit werden für alle Menschen bildliche Übertragungen von jedem Ereignis von jedem gesendet und empfangen werden können. Das geschieht über die Photonentechnik, die noch entwickelt werden muss.

Auch der **Verkehr** wird sich auf andere Antriebsquellen stützen. Die vollständige Beherrschung des Lichts als Antriebskraft wird den gesamten Verkehr revolutionieren. Auch der Verkehr der einzelnen Menschen mit Autos wird sich dieser Antriebskraft bedienen. Das bedeutet, dass die jetzigen Energiequellen, wie Erdöl, Gas und Kohle nicht mehr zur Energieerzeugung benötigt werden. Diese Rohstoffe werden aber weiterhin zur Herstellung anderer Produkte genutzt. Die Rauchentwicklung aus der Verbrennung dieser Stoffe wird durch Filtrierung eingeschränkt, so dass es dadurch keine Verschmutzung der Atmosphäre mehr geben wird. Dadurch wird auch die Ozonschicht gefestigt und kann ihre Schutzfunktion wieder erfüllen. Lediglich das Methangas aus der tierischen Verdauung wird in die Atmosphäre gelangen.

Auch die **Nuklearenergie** wird genutzt werden. Das, was die Menschen bisher als Abfall aus der Nutzung des Urans produziert haben, reicht vollständig aus, um daraus Energie zu erzeugen, die für eine lange Zeit genutzt werden kann. Die jetzt bestehenden Atomkraftwerke wird es nicht mehr geben, weil sie eine Gefahr für die gesamte Menschheit darstellen. Aber die bisherige Entwicklung war notwendig, um euch durch die Katastrophen vor Augen zu führen, was geschehen kann, wenn ihr so in Gottes Schöpfung eingreift.

Die weiteren Veränderungen beziehen sich auf die **Wissenschaft**. Die Wissenschaft kennt nun keine Abhängigkeit mehr von den Mächten der Finsternis. Dadurch können auch keine falschen Gutachten mehr erstellt werden und kann die Offenheit in die Forschung einziehen. Diese Befreiung der Wissenschaftler aus diesen Zwängen stellt eine wirkliche Befreiung dar. Jetzt endlich wird nur auf den Gebieten geforscht, die den Menschen wirklich nützen. Und jetzt können auch alle die wissenschaftlichen Ergebnisse angewendet werden, die unterdrückt wurden. Das wird die Wissenschaft beflügeln. Zusammen mit den neuen Möglichkeiten der Nutzung des Unterbewusstseins wird es einen wahren Aufschwung in allen Bereichen des Lebens geben. Ihr werdet diese Befreiung als wirkliche Fülle von Reichtum und Wohlstand für alle Menschen erleben.

Ihr könnt Gott danken, dass Gott euch aus den Fängen der Mächte der Finsternis befreit hat. Es werden immer mehr Menschen begreifen, dass Gott es war, der euch dabei geführt hat. Deshalb wird auch die Bindung der Menschen an Gott immer fester werden, und keine Kirchen werden mehr notwendig sein, weil die Menschen verstanden haben, dass sie Gott dort nicht finden werden. Auch diese Veränderung hat Gott so bestimmt. Es wird keine Päpste und Bischöfe mehr geben, die den Gläubigen vorschreiben, wie sie sich im Gebet verhalten sollen. Die gotthörigen Menschen brauchen keine Institution mehr, um zu Gott zu finden. Die vielen Kirchen und kirchlichen Einrichtungen werden für andere Zwecke umfunktioniert oder abgerissen, weil ihre Erhaltung nicht mehr erforderlich ist. *Der Glaube an Gott* wird ein ehrliches Bekenntnis eines jeden Menschen sein, das aus dem Herzen entspringt und sich in der Tat zeigt. Das ist dann der wahre Glaube an Gott, der die Menschen zur Reinheit führt in Körper, Geist und den Gefühlen. Eure Seele kann nun nicht mehr unter dem Schmutz leiden, weil ihr keinen Schmutz mehr erzeugt, den die Seele sammeln muss. Dadurch braucht ihr auch nicht Kummer und Leid aufzuladen, die euch krank machen und euer Leben verkürzen. Dann ist für Gott eure Bestimmung erfüllt und Gott kann sich anderen Aufgaben zuwenden, ohne die Menschen aus seiner Führung zu entlassen.

Das irdische Sein im Blickfeld Gottes

Das sind nun bereits die letzten Verfügungen Gottes, die dieses Buch abschließen werden. Gott hat euch in vier Büchern alles das mitgeteilt, was ihr zur Umgestaltung eurer Erde tun müsst. Alles ist in einer fleißigen Arbeit von einem Helfer Gottes aufgeschrieben worden. Für ihn war das nicht einfach, da er in dieser Zeit vielen Angriffen ausgesetzt war. Aber wer das Gute will und in Gottes Auftrag handelt, der erhält von Gott alles, was er braucht.

Jetzt geht es darum, dass die Botschaften Gottes verbreitet werden. Dafür wird Gott sorgen. Die Menschen sind noch viel zu ängstlich, um ganz offen für diese Wahrheit einzutreten.

Warum ist die Verbreitung notwendig?

Die Erde wird sich in der nächsten Zeit grundlegend wandeln. Das habt ihr in diesem Buch lesen können. So wird es geschehen. Auch wenn viele meinen, dass sich alles so weiter entwickeln wird, wie es jetzt ist, werden sie ihre Meinung bald ändern müssen. Das Buch soll dazu beitragen. Tausende Menschen brauchen eine Orientierung auf dem Weg in die Neue Zeit. Wer sich über diese Botschaften Gott genähert hat, der hat die richtige Orientierung erhalten. Gott wird diese Veränderungen steuern und beobachten. Die Menschen werden dabei immer mehr befähigt, Verantwortung zu übernehmen.

Eine Neue Zeit ist kein Schlaraffenland. Es ist die Neuordnung aller Existenzbedingungen der Menschen. Alle guten Eigenschaften der Menschen werden mit einer höheren Energie angereichert, damit die niederen Schwingungen der finsteren Kräfte an Wirkung verlieren. Dieses Übergewicht wird durch eine Schwingungserhöhung der Erde erreicht. Das ist die Folge der Katastrophen, die eintreten werden. Dann, wenn die Menschen aufgewacht sind und beginnen, die Mächte der Finsternis zurück zu drängen, kommen die Menschen in den neuen Zustand. Das alles wird sehr schnell gehen. Die Menschen werden es aber nicht an sich bemerken, da es allmählich und nicht abrupt erfolgt. Es treten natürlich auch Verhaltensweisen zutage, die den einen oder anderen verwundern werden. Die Menschen werden freundlicher und ruhiger. Die Aggressivität wird beherrscht. Keiner denkt mehr an Gewalttätigkeiten und das Schüren von Konflikten. Auch die Religionen verlieren das Trennende und suchen nach Verständigung. Das alle Verbindende wird die zunehmende Gottesnähe sein. Ihr könnt euch wirklich freuen, dass ihr Mitgestalter dieser Neuen Zeit sein dürft.

Gott freut sich mit euch und wird euch mit seiner ganzen Liebe begleiten.

Wenn ihr alles das, was euch Gott in diesem Buch mitgeteilt hat, umsetzt,

dann ist die Umkehr vollzogen.

Das Nachwort Gottes

Eine Botschaft geht um die Erde: Es ist das Gebet Gottes. Noch niemals seit der Kreuzigung von Gottes Sohn Jesus haben die Menschen eine so starke Kraft erhalten. Es vereint die Menschen mit der starken göttlichen Kraft der Liebe. Gott will, dass ihr aus allem die richtigen Schlussfolgerungen zieht und nun beginnt, eure Erde zu retten. Was am Anfang schwer sein wird, soll euch nicht entmutigen. Nach und nach werdet ihr eure Kräfte verstärken und eure Erde wieder zu dem Paradies gestalten, wie Gott es euch einst übergeben hat. Jetzt seid ihr aufgerufen, euch an diesem Werk zu beteiligen. Keiner soll glauben, dass er zu schwach wäre. Diejenigen, die Gott noch ablehnen, werden ihre Meinung ändern müssen, weil sie erkennen, dass ihnen die entscheidende Kraft fehlt, um weiter bestehen zu können.

Alles, was euch Gott noch zurufen kann, ist die Botschaft:

Liebet euch und rettet eure Erde!

Geschichten von den Töchtern und Söhnen Gottes

Diese Geschichten wurden dem Autor im Mai 2014 diktiert.

Gala vom Planeten Fricus

Das einsame Mädchen

Es war einmal ein kleines Mädchen, das sich Geschwister wünschte. Aber ihre Eltern waren sehr arm, deshalb schafften sie sich keine weiteren Kinder an. Das Mädchen konnte das auch einsehen, aber es wollte nicht so allein sein. Die Eltern sahen natürlich, dass sich ihre Tochter richtige Mädchen zum Spielen wünschte und nicht nur Puppen, deshalb suchten sie in der Umgebung nach anderen Familien, die auch ein Mädchen gleichen Alters hatten. Das war aber schwierig, weil diese Familien sehr weit weg wohnten und deshalb keine ständige Verbindung möglich war. Was konnte nur geschehen, damit das Mädchen glücklich wird?

Da begegneten sie einer klugen Frau. Sie sah das Mädchen in ihrem Kummer und sagte zu ihr: *„Viele Menschen auf der Erde sind allein, aber sie sind nicht einsam. Wenn du glücklich werden willst, dann suche dir einen Platz, wo dich niemand stören kann und schau in den Himmel. Was du erkennst, sind die vielen Sterne, die alle allein sind, aber alle zusammen einen wunderschönen Sternenhimmel ergeben. Jeder einzelne Stern ist wichtig, um uns zu erfreuen. Auch du bist wichtig, auch wenn du dich einsam fühlst. In ein paar Jahren wirst du mit vielen Menschen zusammen sein und erkennen, wie wichtig es war, dass du dich selbst als Teil des Ganzen erkannt hast.“*

Das Mädchen verstand die kluge Frau, auch wenn ihm das, was sie sagte, nicht wirklich geholfen hatte, aber sie war dennoch zufrieden. Und als die Zeit heran kam, an der sie von zu Hause Abschied nehmen musste, kam auch die Zeit, wo sie viele andere Kinder treffen konnte, die ebenso allein gewesen waren, aber nie einsam.

Fasia vom Planeten Kaeton

Ich bin eine Tochter Gottes und habe auf unserem Planeten die gleiche Aufgabe wie Jesus auf der Erde.

Die Dummheit des weisen Mannes

Es war einmal ein weiser Mann. Der lebte ganz abgeschieden von den anderen Menschen, weil sie ihn nicht verstehen wollten. Das störte ihn auch nicht, weil er sich selbst versorgen und alle Annehmlichkeiten des Lebens in der freien Natur genießen konnte. Kein Mensch brachte ihm Geschenke oder andere Gaben, auch verbrachte kein Freund seine Zeit mit ihm. Er war vollkommen allein und auf sich selbst gestellt. Aber was nützte ihm seine Weisheit, wenn er sie nicht mit anderen Menschen teilen konnte. Wie viel Gutes hätte er schon bewirken können, wenn er unter Menschen gewesen wäre. Aber auch das störte ihn nicht. Und so wurde er älter und älter, bis er schließlich auf fremde Hilfe angewiesen war. Aber keiner wusste, dass es diesen alten Mann gab. Alle, die ihn gekannt hatten, waren bereits gestorben. Und so begann der weise Mann über sein Schicksal zu klagen und verfluchte Gott, weil er ihm Weisheit geschenkt hat, die ihn zu einem verlassenen Menschen gemacht hatte.

Doch plötzlich, als er schon alle Hoffnung aufgegeben hatte, verirrte sich ein junger Mann in dem Gebiet und fand den schwachen Greis fast schon leblos in seiner Hütte. Als er ihn aufrichtete, um ihn zu stärken, wehrte der weise Mann ab und sagte: *„Meine Stärke liegt im Geist. Ich nähre mich von der Kraft der Gedanken. Alles Materielle ist wenig gegenüber der Fülle der Gedanken an Weisheit und Klugheit." „Aber"*, erwiderte der junge Mann, *„wenn ihr nichts zu euch nehmt, werdet ihr sterben, und alle weisen und klugen Gedanken hätten keinen Sinn." „Das mag schon sein"*, sagte der weise Mann, *„aber lieber weise und klug zu sterben als dumm und gierig."* Und so verschied der weise Mann.

Was lehrt uns diese Geschichte? Auch die größte Weisheit schützt nicht vor Dummheit.

Rara vom Planeten Fave

Das Schicksal von Käfer Nimmersatt

Es war einmal ein kleiner Käfer, der wohnte in einem hohlen Baum. Als es Frühling wurde und die Natur erwachte, bekam auch er wieder große Lust, in der Umgebung nach Nahrung zu suchen. Das war nicht schwierig, denn überall lagen alte Zweige, die mit Moos bedeckt waren und eine weiche Rinde hatten. Diese weiche Rinde schmeckte ihm besonders gut, weil sie so saftig war und voll von noch kleineren Käfern, die ihm ebenfalls gut schmeckten. Aber es gab auch noch größere Käfer mit dem gleich großen Appetit wie er. Das wusste der Käfer, deshalb war er immer darauf bedacht, dass sich keiner dieser großen Käfer in seiner Nähe befand. Viele seiner Freunde wurden schon gefressen, weil sie unaufmerksam waren, vor allem diejenigen, die lauthals prahlten, dass sie schnell genug laufen könnten mit ihren vielen Beinchen. Und deshalb war der kleine Käfer sehr vorsichtig. Pausenlos lief er nun von Ast zu Ast und konnte sich kaum satt essen, bis er schließlich so vollgefressen war, dass er immer langsamer laufen konnte.

Das wurde ihm schließlich zum Verhängnis.

Ein kleiner Vogel, der den kleinen Käfer erblickte und sah, wie schwerfällig er sich bewegte, ergriff ihn mit seinem spitzen Schnabel und schluckte ihn einfach runter. Der kleine Käfer war nun in einem ganz dunklen Vogelbauch gefangen, wo er sich nicht mehr bewegen konnte. Das Letzte, was er dachte, war die Einsicht, dass kein großer Unterschied zwischen Prahlerei und Gier besteht. Beides führt zum Untergang.

Lara vom Planeten Fave

Ich bin eine Tochter Gottes und habe die Aufgabe, meine Geschwister in alle Beziehungen zu führen, die sie befähigen, ihre Aufgaben mit Liebe zu lösen.

Die Liebe des Kutschers

Mit viel Getöse kam das Fuhrwerk die Straße entlang. Die Pferde taten sich schwer auf dem holprigen Pflaster und rutschten mit ihren Hufen öfter seitlich ab. Viele düstere Gestalten überquerten die Straße und sprangen zur Seite, als sich ihnen die Pferde näherten. Der Kutscher war es gewohnt, hinter den Pferden die volle Geruchswolke einzuatmen. Kein anderer liebte das so wie er. Eine schwere Aufgabe war es nicht, täglich die leeren Milchkannen vor den Hauseingängen einzusammeln und dafür die vollen Kannen hinzustellen. Das war seine Arbeit, die er täglich zu verrichten hatte. Es wurde ihm auch nicht langweilig, weil er alles miterlebte, was in seiner kleinen Stadt geschah. Die Menschen waren freundlich zu ihm und konnten sich darauf verlassen, dass sie immer pünktlich ihre Milch erhielten. Das war sein Tagewerk seit vielen Jahren.

Aber irgendwann kommt der Zeitpunkt, wo sich plötzlich alles ändern kann.

Es geschah an einem regnerischen Morgen. Die Straßen waren glatt und glitschig. Den Pferden fiel es schwer, das Gleichgewicht zu halten. Und plötzlich rutschte ein Pferd aus, stürzte mit einem angstvollen Wiehern und brach sich ein Bein. Das andere Pferd wurde ebenfalls zu Boden gezogen und verfing sich in den Riemen. Der Kutscher konnte gar nicht so schnell reagieren. Ihm stockte das Blut in den Adern. Noch nie war seinen Pferden etwas geschehen. Er hatte sie aufgezogen und liebte sie wie seine Kinder. Er war förmlich mit ihnen verwachsen. Ein Leben ohne seine Pferde, war für ihn undenkbar. Und nun das. Die Milchkannen rutschten nach vorn und flogen auf die Straße. Das alles verursachte einen riesigen Lärm, der die Leute aufschreckte. Viele liefen auf die Straße und sahen das große Unglück, das dem Kutscher und seinen Pferden widerfahren war. Das verletzte Tier wieherte laut vor Schmerz und wollte sich immer erheben. Der Kutscher sprang schließlich vom Bock und eilte zu seinen verletzten Pferden. Er schnitt die Riemen durch, so dass sich das eine Pferd wieder erheben konnte. Das andere Pferd aber lag da und wieherte. Die Leute hoben die Milchkannen auf und stellten sie wieder auf das Fuhrwerk. Aber was sollte mit dem verletzten Pferd geschehen? Es konnte nicht mehr laufen. Der gebrochene vordere Huf sah schlimm aus.

Da kam ein edler Herr und erbot sich, dem Pferd den Gnadenschuss zu geben. Das sei üblich in solchen Fällen, damit das Pferd nicht leiden müsse. Dem Kutscher drangen diese Worte wie ein Messer in sein Herz. Die umstehenden Menschen empörten sich. Es sei schließlich kein Reitpferd für hohe Herren, sondern ein enger Freund des Kutschers, der es mit Liebe aufgezogen hätte.

Da meldete sich ein Metzger, der meinte, dass das Pferd nur noch geschlachtet werden könne. Dann hätte es wenigstens noch einem guten Zweck gedient. Doch auch davon wollte die Menge nichts hören.

Da erschien schließlich ein junger Mann, der vorschlug, das Pferd auf eine Rutsche zu ziehen und es zu einem Pferdedoktor zu bringen. Der solle dann entscheiden, was mit dem verletzten Pferd geschehen soll. Dieser Vorschlag gefiel allen, und so wurde es auch gemacht. Während die Menge erregt die Vorschläge besprach, hielt der Kutscher die ganze Zeit mit Tränen in den Augen den Kopf seines verletzten Pferdes und sprach beruhigend auf es ein. Er spürte die Schmerzen seines Pferdes selbst körperlich. Niemals hätte er es übers Herz gebracht, sein Pferd töten zu lassen.

Der Doktor erkannte die Liebe des Kutschers zu seinem Pferd. Obwohl es schwierig war, das gebrochene Bein zu richten, erholte sich das Pferd nach einer geraumen Zeit und konnte wieder gehen. Aber auf holprigen Pflastersteinen ließ er seitdem seine Pferde nicht mehr gehen.

Die Liebe des Kutschers und die Wärme im Herzen vieler Menschen hatten dem Pferd das Leben gerettet.

𝕹ova vom Planeten Keton

Ich bin eine Tochter Gottes und habe die Aufgabe, die Menschen auf unserem Planeten zu heilen.

Der mutige Lehrer

Es war einmal ein Lehrer, der mit seiner ganzen Liebe versuchte, aus seinen Schülern große Vorbilder für alle Menschen zu entwickeln. Er war selbst ein Vorbild für das, was er lehrte. Deshalb konnten ihm auch alle Schüler vertrauen, dass er ehrlich war und auch so lebte, was er seinen Schülern erklärte. Die Eltern der Schüler verehrten ihn als einen wirklich aufrichtigen Menschen, der auch für sie selbst immer ein Ansprechpartner in schwierigen Situationen war.

So sprach es sich herum, dass da ein Mensch sei, der allen eine große Stütze sein könnte, wenn die Situation ausweglos schien. Der Lehrer selbst war sich gar nicht bewusst, dass sich um ihn dieser Ruf ausbreitete. Er führte ein bescheidenes Leben, ohne viel auf seine Stellung zu achten.

Eines Tages erschien der Herrscher des Landes bei ihm, der von dem weisen Mann gehört hatte, um von dem Lehrer einen Rat zu bekommen. Er wollte wissen, für wie viel Geld er seine eigenen Kinder bei ihm unterrichten lassen könne, vor allem seine Jungen, die einmal an seiner Statt den Thron besteigen würden. Der Lehrer erwiderte, dass es keinen Unterschied mache, ob jemand aus einer reichen oder armen Familie abstamme. Jeder Mensch sei unschuldig geboren worden und erhofft sich von seinem Leben, das ihm bevorsteht, die bestmögliche Erfüllung seiner ehrlichen Wünsche. Auch soll es dann so sein, dass jeder Mensch frei entscheiden sollte, welchen Weg er gehen möchte. Ich erziehe jedes Kind zu einem freien Menschen. Wenn dem Herrscher eine solche Ausbildung für seine Kinder zusage, dann möge er sie kommen lassen, damit sie zusammen mit den anderen Kindern am Unterricht teilnehmen können.

Der Herrscher aber wollte, dass der Lehrer nur seine Kinder unterrichtet und er mit ihm deshalb in seinem Palast folgen sollte. Das lehnte der Lehrer ab. Da wurde der Herrscher sehr zornig. Bisher hatte es keiner gewagt, sich seinem Willen zu widersetzen. Er drohte ihm an, ihn ins Gefängnis werfen zu lassen, wenn er sich weiterhin weigern sollte, seine Wünsche zu erfüllen.

Da begann der Lehrer mit einer sanften Stimme auf den Herrscher einzureden: *„Ihr könnt mich ins Gefängnis werfen, dann bleibe ich immer noch der, der ich bin. Aber was wird aus euren Untertanen, wenn sie nicht von Kindheit an zum freien Denken erzogen werden? Ihre Achtung vor dem Gesetz und der Wahrheit wird nicht entwickelt werden. Ihre vielen Talente bleiben unentdeckt. Sie werden auch weniger zum Gehorsam angehalten und gehen die falschen Wege. Wenn ihr das alles wollt, dann werft mich ins Gefängnis.“*

Der Herrscher überlegte eine Weile.

Noch nie wurde ihm so ins Gewissen geredet. Obwohl es ihm schwer fiel, dem Lehrer zuzustimmen, spürte er in seinem Herzen, dass da ein Mensch vor ihm stand, der ehrlich zu sich selbst war und dem keine Drohung etwas anhaben konnte. Schließlich fiel er vor dem Lehrer auf die Knie und bat um Entschuldigung für seine Unbeherrschtheit und seine Herrschergebaren. So wie es der Lehrer gesagt hat, so soll es sein. Und so geschah es, dass die Kinder des Herrschers zusammen mit den anderen Kindern von dem weisen Lehrer unterrichtet wurden. Alle wurden gute Politiker, die ihrem Vater viel Freude bereiteten.

Und was lehrt uns diese Geschichte? Nur der kann im Leben Erfolg haben, der seiner Überzeugung treu bleibt, das Gute im Menschen erkennt und es fördert.

Ꜧunia vom Planeten Kava

Ich habe die Aufgabe, die Menschen unseres Planeten ebenso zu führen wie Jesus auf der Erde.

Die weise Entscheidung

In den kargen Steppen eines Landes lebten Menschen, die ihre schlechten Bedingungen mit großen Entbehrungen ertragen mussten. Dieses Schicksal hatten sie sich nicht selbst gewählt. Weil sie Verbrechen begangen hatten, wurden sie dorthin verbannt und durften nie mehr in die Gemeinschaft ihres Volkes zurückkehren. Es waren nicht viele Menschen, die dort in kleinen Hütten zusammen lebten, Männer als auch Frauen. Alle hatten eine gemeinsame Vergangenheit. Nach ihrer Verurteilung kamen sie zuerst in ein Gefängnis. Als dann eine Gruppe von ungefähr dreißig Menschen zusammen gekommen war, wurde ihnen ein Zeichen auf die Stirn gebrannt und ihnen ein Platz in der Steppe zugewiesen, wo sie sich bis an ihr Lebensende aufzuhalten hatten.

Es war gleichsam ein Todesurteil, und viele der Verurteilten hätten sich eine solche Bestrafung lieber gewünscht als ein Leben in der Steppe. Doch der Hang am Leben ließ sie dieses Schicksal erdulden. Die Menschen, die da bunt zusammen gewürfelt wurden, kannten sich aus ihrem früheren Leben in der Gemeinschaft nicht. Ihren kriminellen Gewohnheiten weiter nachzugehen und sich gegenseitig umzubringen, war in dieser Situation nicht sehr sinnvoll. Die ersten Streitereien wurden schnell unterbunden, weil sie erkennen mussten, dass sie in dieser Steppe nur überleben können, wenn sich jeder um das Überleben des anderen kümmerte. Jeder wurde gebraucht und jeder hatte eine Aufgabe. Doch fehlte es an vielen Dingen, die die Menschen zum Leben brauchten. Vor allem war es Wasser, was fehlte. Darunter litt nicht nur die Sauberkeit, sondern auch die Zubereitung der Nahrung. Eine Gruppe der Männer zog deshalb aus, um Wasserstellen zu finden. Nach langer Suche gelangten sie an einen kleinen See, wo sie schließlich ihre Hütten aufbauten. Das Leben wurde dadurch viel angenehmer. Keiner musste mehr schmutzig bleiben, und der Hirsebrei schmeckte gekocht viel besser. Mit der Zeit zeigten sich auch gewisse nützliche Fähigkeiten jedes Einzelnen, die allen dienten. Der eine konnte gut kochen, der andere versorgte die Felder, andere verstanden sich auf das Anfertigen von Kleidungsstücken. So kam es zu einer Arbeitsteilung, die die Fähigkeiten jedes einzelnen förderte. Aber trotzdem war das Leben sehr schwer, weil auch Krankheiten die Menschen befielen. Und da sie weder einen Arzt bei sich hatten, noch die richtige Medizin, starben nach und nach die Schwächsten unter ihnen. Offenbar war ihr Schicksal besiegelt.

Da geschah es, dass sie von einer Gruppe neuer Verurteilter gefunden wurden. Unter diesen war ein großer Erfinder, der sofort begann, die richtigen Getreidesorten zu züchten. Dann wurden Gärten angelegt, um Gemüse anzubauen. Einige Frauen wurden beauftragt, Heilpflanzen zu suchen und diese zu Medizin zu verarbeiten. Allmählich erwachte in diesen ausgestoßenen Menschen eine Lebensfreude, wie sie sie noch nie erlebt hatten.

Und dann geschah das Wunder. Eine Frau gebar ein Kind. Das neue Leben wurde gefeiert wie eine Neugeburt aller Menschen dieser Gruppe. Jetzt war es nicht nur das eigene Überleben, um das es zu kämpfen galt. Jetzt war das neue Leben zu erhalten. Das war für alle eine neue Verantwortung. Bald stellte sich neuer Nachwuchs ein und so vergrößerte sich die Gruppe mehr und mehr. In den folgenden Jahren entwickelte sich dieses Häuflein Menschen zu einer Gemeinschaft, in der jeder für den anderen da war, ohne Streit und Gewalt.

Da kam es in der Regierung des Landes zu einem Machtwechsel. Eine Mehrheit erreichte, dass diese Art der Verurteilung nicht mehr geschehen durfte. Die Behörden wurden angewiesen, die ausgewiesenen Gruppen aufzusuchen und sie in die Gemeinschaft zurück zu holen. Als die Beamten die Gruppe erreichten, waren sie erstaunt, wie vertraut alle miteinander umgingen, wie jeder für den anderen da war und wie klug sie ihr Überleben in der kargen Steppe organisiert hatten. Ihrem Auftrag folgend forderten sie nun die Menschen auf, ihnen zu folgen, da sie begnadigt wären. Die Menschen setzten sich zusammen und berieten lange, wie sie sich entscheiden sollten. Schließlich erhob sich der Weiseste unter ihnen und sagte den Beamten: *„Wir bleiben hier. Hier hat jeder so viel für sich, dass er gut leben kann. Es gibt keine Gier nach Besitz. Das würde allen schaden. Dorthin, wo ihr uns wieder bringen wollt, sind die Menschen von der Gier besessen. Hier bringt keiner den anderen um, und keiner muss um sein Leben fürchten. Weshalb sollen wir diesen Ort des Friedens verlassen?"*

Die Beamten erkannten, dass diese Menschen nicht zu überzeugen waren. Einer der Beamten sagte schließlich die richtigen Worte: *„Hier sollten alle Herrschenden vorbei kommen, um zu erkennen, wie Menschen, die nur Hass und Feindschaft kannten, eine Gemeinschaft der Nächstenliebe und des Friedens errichtet haben."*

Und so kehrten sie zurück, um tief beeindruckt von dem Erlebten allen Menschen davon zu berichten.

Duna vom Planeten Lumar

Ich bin eine Tochter Gottes und habe die Aufgabe, reine Seelen auf die Erde zu bringen. Diese Seelen sind die Boten der Neuen Zeit.

Die Klugheit der Minister

Auf der Erde lebten vor langer Zeit auch Menschen, die sich mit riesigem Verlangen in der Kriegskunst übten. Alles was sie taten, hatte nur ein Ziel, stärker und schneller zu sein als der Gegner. Deshalb nannte man sie auch die Recken. Überall wo sie hinkamen, flüchteten die Menschen, weil diese Recken nichts weiter kannten als zu töten, zu rauben und alles nieder zu brennen. Der Herrscher, dem sie dienten, nutzte ihre Stärke aus, um seine Besitztümer zu vergrößern. Allmählich fehlte es aber im Land an Menschen, die die Felder bestellten, die Ernte einbrachten und auch sonst alles das herstellten, was der Herrscher benötigte. Sie waren vor der Gewalt der Recken geflohen. Der Herrscher konnte nun noch weiter um Ländereien Krieg führen, aber das hätte die Situation nur noch verschlimmert.

Deshalb überlegte er mit seinen Ministern, wie die Menschen in sein Land wieder zurückkommen könnten. Lieber weniger Land und dafür genug zu essen, sagte ein Minister. Das gefiel dem Herrscher gar nicht. Dann wären alle Kriege umsonst gewesen. Es muss noch einen anderen Weg geben. Da sagte ein Minister, dass es doch sinnvoll wäre, wenn die Recken mit ihrer Kraft die Felder bestellen würden und auch sonst alles dafür tun könnten, um die Waren für den Herrscher herzustellen. Der Herrscher machte ein bedenkliches Gesicht. Wenn er keine Recken als Soldaten mehr hat, wer sollte dann die Besitztümer verteidigen. Da sagte ein Minister, dass es doch gut wäre, wenn der Herrscher mit den Herrschern der angrenzenden Länder sprechen würde, dass er nicht mehr die Absicht hätte, Krieg zu führen, um ihre Ländereien zu erobern. Da wurde der Herrscher wütend und jagte seine Minister aus dem Dienst. Keiner ihrer Vorschläge entsprach seinen Vorstellungen. Wenn er sich auch noch als Schwächling zeigen sollte, wo alle Herrscher um ihn herum bisher vor ihm gezittert hatten, dann gäben sie auch keine Zustimmung zu einem Friedensabkommen, sondern würden sich gegen ihn verbünden.

Nun geschah es aber, dass dieselben Recken bei dem Herrscher vorsprachen und ihren Lohn für ihre Siege einforderten. Denn bisher hatten sie nur immer gekämpft und außer Waffen und Nahrung nichts bekommen. Außerdem waren sie es müde, immer nur zu töten und von den Menschen gehasst zu werden. Der Herrscher wollte nun wissen, was sie für ihre Dienste verlangten. Da traten sie nun einzeln vor den Herrscher und trugen ihre Forderungen vor. Zum ersten Mal erkannte der Herrscher, welche Kraft wirklich von seinen Recken ausging und dass sie ihre Forderungen auch gegen seine Zustimmung durchsetzen würden. Zu seinem Erstaunen ging es den Recken gar nicht um Geld und Gold, sondern um ein Stück von dem eroberten Land. Dort wollten sie sich niederlassen, ihre Felder bestellen und auch noch andere Menschen dazu holen.

Der Herrscher erkannte nun auch die Klugheit seiner Minister. Die Recken erhielten ihr gefordertes Land und bald mehrte sich überall der Reichtum. Nun kehrten auch die Menschen zurück, die sich nach ihrer Heimat gesehnt hatten. Der Herrscher verhandelte auch mit den Herrschern der umliegenden Länder, die sein Friedensangebot mit Freuden annahmen.

Und so wurde durch Vernunft und Fleiß aus einem verhassten Land ein friedliches und geachtetes Land.

Gebara vom Planeten Efonia

Der Wert der Gemeinschaft

Es war vor einer langen Zeit, da kamen die Menschen auf die Idee, ihre rauen Wintertage geschützt in Höhlen zu verbringen. Das war eine kluge Entscheidung, weil sie bisher immer sehr weit gelaufen sind, um in wärmere Gebiete zu kommen. Auf diesen Märschen sind viele Mitglieder ihrer Sippe vor Entkräftung gestorben. Aus diesem Grunde waren sie nun in einer großen Höhle zusammen und konnten sich an den Feuern erwärmen. Das erwies sich aber mit der Zeit als ein großes Problem. Der Schutz war das eine, aber die Ernährung und das Brennholz das andere. In dem tiefen Schnee zu jagen und in den Wäldern Holz zu sammeln waren sie nicht gewöhnt. Deshalb war guter Rat teuer.

Da viele Männer in der Höhle waren, wurde vorgeschlagen, dass ein Teil von ihnen immer bei den Frauen und Kindern bleibt und der andere Teil auf Fischfang geht, denn die Seen und Flüsse waren noch eisfrei. Auch wurde eine Gruppe zum Holzsammeln in die Wälder geschickt. Damit waren aber noch nicht alle Probleme gelöst. Die Kinder brauchten gute Kleidung, weil sie besonders unter der Kälte litten. Dazu musste jede Frau aus der Wolle der Schafe Fäden spinnen, und andere Frauen flochten daraus große Decken, in die sie die Kinder einhüllen konnten.

So hatte jeder eine Aufgabe für die Gemeinschaft zu erledigen. Leicht war das Leben nicht, aber es war so zu ertragen. Als sich schließlich im Frühjahr wieder die warmen Sonnenstrahlen zeigten, war aus der Sippe eine gut organisierte Gemeinschaft geworden. Um die Fähigkeiten der Einzelnen noch besser nutzen zu können, blieben jetzt diejenigen Männer und Frauen bei der Sippe, die für die Menschen die technischen Dinge anfertigen konnten, während die anderen die Materialien besorgten, die dafür notwendig waren. Diese Arbeitsteilung führte schließlich dazu, dass es den Menschen immer besser ging. Aber wie bei allen Dingen hat auch hier jede gute Seite eine Kehrseite. Zwischen den einzelnen Mitgliedern der Sippe kam es zu Streitigkeiten, weil jeder meinte, dass seine Tätigkeit die wichtigste sei. So wurde behauptet, dass keiner besser sei als die Jäger, weil ohne sie die Sippe nichts zu essen hätte. Diejenigen aber, die die Netze und die Pfeilspitzen herstellten, meinten dagegen, dass sie es wären, die die guten Fangergebnisse ermöglichten. Das Hin und Her führte schließlich zu Tätlichkeiten und zur Spaltung der Sippe. Was die Männer nicht erkannten, war ihre gegenseitige Abhängigkeit. Und so dauerte es gar nicht lange, bis die Fischer immer weniger Fische fingen und die Handwerker nichts mehr zu essen hatten. Sie mussten sich also wieder versöhnen.

Es waren die Frauen, die auf die Männer einredeten und sie versöhnten. Aber sie schlossen einen Vertrag ab: Wer Fische haben wollte, der musste eine bestimmte Menge an Netzen und Speerspitzen dafür geben. Und umgekehrt war es ebenso. Das ging solange gut, bis die Kaufleute aus anderen Sippen auftauchten und auch Fische und Netze haben wollten. Diese hatten aber auch noch andere Dinge, die den Mitgliedern der Sippe gefielen. Und diese gaben ihnen dafür die Dinge, die sie eigentlich ihren Fischern geben wollten. Das führte wiederum zu Streitereien. Ihre Unvernunft kostete sogar einigen Menschen das Leben. Es war nicht mehr das Leben, das sich alle einmal gewünscht hatten. Kaum einer wollte mehr in dieser Gemeinschaft leben. Deshalb beschlossen sie die Auflösung der Sippe, und jeder konnte ziehen, wohin er wollte. Die einen zogen zu anderen Sippen. Andere bildeten kleine Gruppen und sonderten sich ab. Teile der Sippe wanderten in eine wärmere Gegend. Und so zerfiel die einst so feste Gemeinschaft, weil jeder glaubte, im Recht zu sein. Folglich hätte es nun allen in ihrer neuen Umgebung besser gehen müssen. Aber bald stellten sie fest, dass es ohne die anderen Sippenmitglieder zu Mängeln in der Versorgung kam. Entgegen ihren Erwartungen verschlechterte sich ihr Leben von Tag zu Tag und sie jammerten ihrem falschen Stolz hinterher.

Da sagte einer, dass er wieder dorthin zurückkehren möchte, wo sie als Sippe zusammen gelebt hatten. Vielleicht treffen sie auch dort wieder frühere Mitglieder der Sippe. Dieser Vorschlag wurde mit Freude aufgenommen, weil jeder bereits im Stillen auch so gedacht hatte, aber keiner den Mut hatte, das auszusprechen. Und so brachen sie schließlich mit viel Hoffnung im Herzen auf. An dem früheren Ort ihrer Sippe waren bereits andere Gruppen versammelt. Viele davon kannten sie, aber es waren auch fremde darunter. Dennoch war die Freude bei allen groß, dass sie wieder zusammen waren. Alles wurde verziehen und vergeben und auf rücksichtsvolle Art behandelt.

Was sollte euch diese Geschichte lehren? Die Kraft der Gemeinschaft ist ein hohes Gut. Keiner kann ohne diese bindende Kraft überleben. Deshalb überlegt gut, ob das Trennende nicht in der Gemeinschaft überwunden werden kann, wenn jeder die Bedürfnisse des anderen vor seine eigenen stellen würde.

Sara vom Planeten Fave

Der Frauenheld

Es war einmal ein großer Frauenheld, der glaubte, dass ihm alle Frauen zu Füßen liegen müssten. Eines Tages geschah es, dass sich ihm eine Frau näherte, die sich aber nicht für ihn interessierte und ihn gar nicht zu bemerken schien. Das konnte der Frauenheld gar nicht verstehen. Deshalb begann er ein Gespräch mit der Frau über sein Äußeres, das auf alle Frauen sehr anziehend wirken würde. Doch auch das interessierte die Frau überhaupt nicht. Auf seine Fragen bekam er keine Antwort. Die Frau ging einfach an ihm vorbei, als wäre er gar nicht anwesend. Das ärgerte den Frauenheld so sehr, dass er der Frau wütend hinterher rief, sie wäre eine Schlampe.

Da drehte sich die Frau um und sagte dem Frauenheld: *„Tausende Frauen würden sicher auf ihn herein fallen, aber alle wären anschließend enttäuscht, weil er nicht weiß, was Liebe ist. Und wenn er meint, dass alle Frauen, die sich ihm nicht unterwerfen, Schlampen wären, dann zeigt das nur, wie wenig er von der Seele einer Frau verstanden hat."* Und dann verließ sie ihn.

Der Frauenheld hatte solche Worte noch nie gehört und konnte das nicht verstehen. Er glaubte, dass alle Frauen auch nur die Befriedigung ihrer Lust bei ihm suchten. Deshalb fragte er bei einem weisen Manne nach, wie er sich Frauen gegenüber verhalten sollte.

Der weise Mann sagte ihm: *„Alle Frauen wollen einen hübschen Mann, aber sie wollen auch geliebt werden, wenn er ihre Liebe empfängt. Wenn er nur die Befriedigung seiner Lust sucht, dann wird er nie lernen, was wahre Liebe ist. Suche stets das Herz zu gewinnen, dann wirst du auch erfahren, was wahre Liebe ist. Denn im Herzen wohnt die Liebe, und dort musst du sie finden."*

Der Frauenheld war nun völlig verwirrt und wusste nun gar nicht mehr, wie er sich Frauen gegenüber verhalten sollte. Da begegnete er wieder dieser Frau, die ihn abgewiesen hatte, und er entschuldigte sich bei ihr. Die Frau war über diese Wandlung des jungen Mannes sehr erstaunt. Auf diese Reaktion bekam sie ein Gefühl der Nähe und lud ihn zu einer Tasse Tee ein. So kamen sie sich im Herzen näher.

Und so wurde aus dem Frauenheld ein verliebter junger Mann, der sich nur noch nach ihr sehnte.

Jesus

Rettung aus höchster Not

In früheren Zeiten lebte einmal ein brauner Landmann[1] auf einem dürren Acker. Die Erträge des Bodens waren äußerst gering, so dass ihn der Hunger ständig quälte. Auch fehlte es an Wasser, das das Land hätte pflegen können. Und so führte er ein elendes Dasein auf dieser Erde. Lediglich auf seine Nachbarn vertraute er, weil sie ihm halfen, wenn er einmal gar nichts mehr zu essen hatte. Diese Hilfe war für ihn lebenserhaltend. Aber schließlich gingen auch deren Vorräte zur Neige, so dass auch bei diesen der Hunger kam. Bald war das ganze Dorf in dieser Situation und keine Hilfe war in Sicht.

Da sammelten sich die Ältesten und hielten Rat. Aber wie sie die Dinge auch betrachteten, es gab keine vernünftigen Vorschläge. Leid und Kummer brach über die Menschen herein. Das war kein Leben mehr. Und so beschlossen sie, ihr Land zu verlassen.

Ihnen war es egal, in welche Richtung sie gingen. Überall konnte es nur besser werden. Kamen sie in ein anderes Dorf, so wurden sie verjagt, weil auch dort der obere Tag[2] schon von Hunger geprägt war. Was sollten sie tun? Die schwächsten Menschen konnten ihnen schon nicht mehr folgen. Die richtige Entscheidung war nicht zu finden.

Da begann es plötzlich zu regnen. Keiner hatte das erwartet, aber alle erkannten in dem Regen ein Zeichen Gottes, dass jetzt das Ende der Not gekommen war. Auch wenn es noch keine Nahrung gab, so gab es doch für alle erst einmal wieder Wasser. Der Durst war besiegt. Den Menschen machte es Hoffnung, dass Gott nun auch den Hunger vertreiben wird. Als sie nun auf ihrem Weg in ein Dorf kamen, in dem die Menschen den Regen bejubelten, vergaßen sie ihre Sorgen und jubelten mit ihnen. Da war auch zur Freude aller

---

*[1] Jesus sagt, dass so **Beduinen** bezeichnet wurden.*
[2] Das ist die Zeit des Tages, wo die Sonne scheint.

noch genügend Nahrung vorhanden, so dass sich die Menschen nach langer Zeit wieder einmal satt essen konnten. Aber das war noch nicht das Ende ihrer Leiden.

Wohin sollten sie sich wenden? Keiner wollte sie auf Dauer aufnehmen, weil es auch ihnen an Nahrung fehlte. Für diese Menschen war das sehr schlimm, aber Gott hat jedem Menschen das Versprechen gegeben, für das tägliche Brot zu sorgen. Mit ihren Mitteln war das aber nicht möglich.

Da kamen sie an einen See, der durch den Regen angestiegen war. In diesem tummelten sich viele Fische, die sie fingen und verspeisten. An diesem See ließen sie sich nieder und bauten ihre Hütten. Nun konnten sie auch die Fische gegen Brot und Körner tauschen, um die Felder bestellen zu können. Und so dankten sie Gott für diese Rettung aus höchster Not.

Im Sog der Geistigen Welt Gottes Band 1

Botschaften von Gott und den Helfern Gottes

Das erste Buch von Peter Schneider ist eine sowohl provokante als auch schöpferische Auseinandersetzung mit den in der Bibel überlieferten Darstellungen von Ereignissen und Personen, die im Leben Jesu eine Rolle gespielt haben.

Dabei beruft sich der Autor, einst ein „durchtrainierter Marxist", auf seinen direkten spirituellen Kontakt zu Gott, Jesus und anderen Wesen des Universums - von denen es weit mehr gab, als die Bibel berichtet.

Er macht unter Zuhilfenahme der Lehren Bruno Grönings und der von Gott und den Helfern Gottes empfangenen Botschaften Strukturen sichtbar, die sowohl das traditionelle Bibelwissen als auch das bisherige Bild von unserer Welt und ihren Bewohnern teilweise radikal in Frage stellen.

Im Sog der geistigen Welt Gottes Band 1

Peter Schneider

ISBN: 978-3-944265-04-9
396 Seiten, Hardcover
GLP 19,60€

Im Sog der Geistigen Welt Gottes Band 2

Gottes Wort zur Rettung der Erde als Schöpfung Gottes

Das zweite Buch von Peter Schneider ist die Fortsetzung zum Thema Botschaften von Gott.

Der Autor selbst hat diese Zeilen nur aufgeschrieben, erzählt wurden sie ihm von Gott selbst. Peter Schneider stellte bedeutende Fragen an Gott, und Gott antwortete, dass viele für diese Wahrheit noch nicht reif sind.

Gott führt den Leser durch viele Themen, die in einem großen Zusammenhang stehen. Dieser ist manchmal nicht sofort zu erkennen, aber Gott hält die Spannung hoch und verweist insgesamt auf ein zentrales Thema:

Wie gelingt es den Menschen, ihre Erde zu erhalten?

Im Sog der geistigen Welt Gottes Band 2

Peter Schneider

ISBN: 978-3-944265-17-9
336 Seiten, Hardcover
GLP 17,90€

Im Sog der Geistigen Welt Gottes
Band 3

Botschaften von Gott

Das dritte Buch von Peter Schneider ist die Fortsetzung der Botschaften Gottes, die dem Autor übermittelt wurden.

Was Gott diesmal den Menschen der Erde in den elf Kapiteln mitteilen will, ist keine reine Unterhaltung, sondern eine Anleitung zur Veränderung unserer gegenwärtigen Lebensbedingungen.

Die Darlegung der geistigen Struktur der Welt Gottes ist ebenso von Bedeutung für die Beziehungen der Menschen zu Gott, wie auch die Fehler der Menschen bei der Interpretation der Bibel. Gott berichtet über das Wesen und die Verbindungen der Energieformen auf der Erde und im Universum und will, dass die Menschen ein Leben in Glück und Frieden führen können, frei von Gier nach Besitz und Macht.

Im Sog der geistigen Welt Gottes Band 3

Peter Schneider

ISBN: 978-3-944265-22-3
232 Seiten, Hardcover
GLP 17,90 €

1. Auflage Oktober 2014

© Mecklenburger Buchverlag GmbH, Neubrandenburg 2014
Geschäftsführung: Torsten Just

www.mecklenburger-buchverlag.de

Layout & Satz: Mecklenburger Buchverlag GmbH, Jeanette Krüger
Covergestaltung: Jeanette Krüger
Coverbild: © Originaldatei von Garcya - http://garcya.us/5-sky-vectors

Weitere Bücher von Peter Schneider im Mecklenburger Buchverlag:

Im Sog der geistigen Welt Gottes	ISBN 978-3-944265-04-9
Im Sog der geistigen Welt Gottes Band 2	ISBN 978-3-944265-17-9
Im Sog der geistigen Welt Gottes Band 3	ISBN 978-3-944265-22-3

Die Deutsche Nationalbibliothek verzeichnet diese Publikation in der Deutschen Nationalbibliografie; detaillierte bibliografische Daten sind im Internet über **http://www.dnb.de** abrufbar.

ISBN 978-3-944265-72-8